市政公路工程安全作业技术和案例分析

上海市市政公路工程行业协会 编著

中国建筑工业出版社

图书在版编目(CIP)数据

市政公路工程安全作业技术和案例分析/上海市市政公路工程行业协会编著. —北京：中国建筑工业出版社，2010.9
ISBN 978-7-112-12302-5

Ⅰ. ①市… Ⅱ. ①上… Ⅲ. ①市政工程：道路工程—工程施工—安全管理 Ⅳ. ①U415.12

中国版本图书馆 CIP 数据核字(2010)第 143420 号

责任编辑：王　磊　田启铭
责任设计：陈　旭
责任校对：王　颖　王雪竹

市政公路工程安全作业技术和案例分析
上海市市政公路工程行业协会　编著

*

中国建筑工业出版社出版、发行(北京西郊百万庄)
各地新华书店、建筑书店经销
北京天成排版公司制版
北京建筑工业印刷厂印刷

*

开本：787×1092 毫米　1/16　印张：9½　字数：232 千字
2010 年 10 月第一版　2010 年 10 月第一次印刷
定价：**26.00** 元
<u>ISBN 978-7-112-12302-5</u>
(19568)

版权所有　翻印必究
如有印装质量问题，可寄本社退换
(邮政编码　100037)

本书编委会

主　　编：陈明德

副 主 编：杨志鸣　管　伟

编委成员（兼主要编写成员）：
　　　　　胡夏生　王　辉　苏耀军　俞　涛　王宝生　韦　敏
　　　　　王俊生　徐振辉　谭　刚　孟庆山　钱　骏　史百祥
　　　　　林明威　杜国生　顾协华　徐志洋　毛志宏　郑永庆

统　　稿：陈明德

核　　对：胡夏生　俞　涛

前 言

近年来,随着我国城市化进程的不断推进,市政工程建设取得了突飞猛进的发展,建设工程的规模和数量都是空前的。随之而来的工程建设的安全任务也是极为艰巨的。施工安全是市政工程建设的重中之重,本书的编写正是为了适应市政工程建设的客观需要。

本书定位于管理和施工操作层面,着重强调施工技术,在参阅、引用新规范性文件中有关内容的基础上,总结和吸收近年来工程安全事故的教训和防患经验,旨在确保施工安全的技术实施。

全书共分两个大的部分,第一部分介绍了市政公路工程安全技术要求,其内容包括:基本安全规定,道路工程,管道工程,桥梁工程,江、海桥梁工程,基坑开挖及支护工程,沉井工程,顶管工程,盾构工程,管幕法工程,模板工程,钢筋工程,堵漏及防腐工程,燃气带气工程,养护工程等;第二部分介绍并分析了2008年和2009年的市政公路工程安全生产事故案例。

本书可供市政公路工程管理、施工及养护单位中的管理和操作人员使用,亦可供现场监理人员监督时参考。由于编者水平有限,书中不足之处在所难免,敬请读者指正。

2010 年 7 月

目 录

第一篇 市政公路工程安全技术要求

第一章 基本安全规定 ········· 3
第一节 施工准备 ········· 3
一、管理准备 ········· 3
二、技术准备 ········· 3
三、交通保证 ········· 3
四、环境保护 ········· 4
第二节 现场安全管理 ········· 4
一、文明施工 ········· 4
二、人员管理 ········· 4
三、安全防护 ········· 5
四、场内交通 ········· 5
第三节 施工用电及照明 ········· 5
一、外电线路 ········· 5
二、接地与防雷 ········· 6
三、架空线路 ········· 6
四、电缆线路 ········· 7
五、配电箱及开关箱 ········· 8
六、电气作业 ········· 9
七、作业场所的照明 ········· 9
八、照明供电 ········· 9
九、照明设施 ········· 9
第四节 高处作业 ········· 10
一、基本要求 ········· 10
二、临边作业 ········· 10
三、洞口作业 ········· 11
四、攀登作业 ········· 11
五、交叉防护 ········· 13
第五节 起重吊装 ········· 13
一、管理要求 ········· 13
二、吊装作业 ········· 14
第六节 脚手架工程 ········· 14

  一、管理要求 ·· 14
  二、材料验收 ·· 15
  三、脚手架搭设 ·· 15
  四、附属设施 ·· 17
  五、脚手架的检查与验收 ·· 17
  六、脚手架拆除 ·· 18
 第七节 拆除作业 ·· 18
  一、管理要求 ·· 18
  二、文明施工 ·· 19
  三、现场准备 ·· 19
  四、安全技术规定 ·· 19
  五、水下作业 ·· 20

第二章 道路工程 ·· 24
 第一节 管理要求 ·· 24
 第二节 施工作业 ·· 24
  一、翻挖路面 ·· 24
  二、内燃打夯 ·· 25
  三、混凝土路面 ·· 25
  四、沥青路面施工 ·· 25

第三章 管道工程 ·· 26
 第一节 施工作业 ·· 26
  一、沟槽开挖 ·· 26
  二、支撑装卸 ·· 26
  三、埋管 ·· 26
 第二节 其他施工作业 ·· 27
  一、基础工程 ·· 27
  二、吊运沟管及排管 ·· 28
  三、打板柱 ··· 28
  四、冲拔井管 ·· 28

第四章 桥梁工程 ·· 29
 第一节 下部结构 ·· 29
  一、水上打桩作业 ·· 29
  二、陆上打桩作业 ·· 31
  三、钻孔灌注桩施工 ·· 32
  四、静力压桩施工 ·· 33
  五、强夯机械施工 ·· 34
  六、振动锤打桩与拔桩 ·· 34
  七、大直径挖孔桩施工 ·· 35
  八、套箱施工 ·· 37

九、围堰施工 ··· 37
　　十、基坑开挖 ··· 37
　　十一、基础及墩、台施工 ··· 39
　　十二、基坑回填土 ··· 39
　　十三、脚手架搭设和拆除的安全管理要求 ··· 39
　　十四、立柱施工 ··· 40
　第二节　上部结构 ··· 42
　　一、盖梁施工 ··· 42
　　二、箱形梁施工 ··· 44
　　三、板梁架设(含钢结构) ··· 45
　　四、T型梁架设 ··· 46
　　五、架桥机节段梁施工 ··· 47
　　六、防撞墙施工 ··· 51
　第三节　架桥机架梁施工 ··· 52
　　一、施工准备 ··· 52
　　二、架桥机的拼装 ··· 52
　　三、架桥机的调试 ··· 53
　　四、架桥机的试运行 ··· 53
　　五、架桥机的空载纵向前移 ··· 54
　　六、混凝土梁的架设作业 ··· 54
　　七、架桥机的前移过孔 ··· 55
　第四节　挂篮法桥梁施工 ··· 55
　　一、施工准备 ··· 55
　　二、挂篮的制作 ··· 56
　　三、0号块承重支架 ··· 56
　　四、挂篮的安装和使用 ··· 56
　　五、临时用电 ··· 58
　　六、箱梁施工 ··· 58
　　七、合拢段的箱梁施工 ··· 58
　第五节　T型梁的水平运输 ··· 58
　　一、施工准备 ··· 58
　　二、现场T型梁的水平移位 ··· 59
　　三、T型梁现场起吊装车 ··· 59
　第六节　单跨系杆拱桥拱肋的吊装施工 ··· 60
　　一、施工准备 ··· 60
　　二、拱肋运输 ··· 60
　　三、单榀拱肋的起吊翻身和定位 ··· 61

第五章　江、海桥梁工程 ··· 62
　第一节　船舶作业安全规程 ··· 62

一、船舶安全技术要求 ………………………………………………… 62
　　二、靠离桥墩 …………………………………………………………… 62
　　三、施工作业 …………………………………………………………… 62
　　四、船舶锚泊 …………………………………………………………… 63
　　五、船舶航行 …………………………………………………………… 63
　　六、应急措施 …………………………………………………………… 63
　第二节　水下焊接作业 …………………………………………………… 63
　　一、注意事项 …………………………………………………………… 63
　　二、防止水下触电措施 ………………………………………………… 63
　第三节　水上起重作业 …………………………………………………… 64
　　一、起重人员资格要求 ………………………………………………… 64
　　二、起重作业前检查 …………………………………………………… 64
　　三、起重机械的使用 …………………………………………………… 64
　　四、起重索具的要求 …………………………………………………… 64
　　五、阳极吊装 …………………………………………………………… 64
　　六、注意事项 …………………………………………………………… 65
　第四节　水下电气作业 …………………………………………………… 65
　第五节　空气压缩机作业 ………………………………………………… 65
　　一、开机前检查 ………………………………………………………… 65
　　二、试验运行 …………………………………………………………… 65
　　三、运行 ………………………………………………………………… 66
　第六节　高压空气压缩机 ………………………………………………… 66
　　一、启动前的准备 ……………………………………………………… 66
　　二、工作与运转 ………………………………………………………… 66
　　三、运行中的注意事项 ………………………………………………… 66

第六章　基坑开挖及支护工程 …………………………………………… 67
　第一节　基本要求 ………………………………………………………… 67
　第二节　围护结构 ………………………………………………………… 68
　　一、安全要求 …………………………………………………………… 68
　　二、SMW工法施工安全技术 ………………………………………… 69
　　三、地下连续墙 ………………………………………………………… 69
　第三节　基坑开挖支撑施工 ……………………………………………… 71
　　一、基坑开挖申请及审批制度 ………………………………………… 71
　　二、施工准备 …………………………………………………………… 72
　　三、基坑开挖施工 ……………………………………………………… 73
　　四、钢支撑施工 ………………………………………………………… 73
　　五、支护结构拆除施工 ………………………………………………… 74

第七章　沉井工程 …………………………………………………………… 75
　第一节　基本要求 ………………………………………………………… 75

| 第二节 沉井制作 ……………………………………………………………… 75
| 第三节 沉井下沉 ……………………………………………………………… 75

第八章 顶管工程 ……………………………………………………………… 77
| 第一节 基本要求 ……………………………………………………………… 77
| | 一、现场勘察 ……………………………………………………………… 77
| | 二、人员配置 ……………………………………………………………… 77
| | 三、安全管理 ……………………………………………………………… 77
| | 四、现场平面布置 ………………………………………………………… 77
| 第二节 设备、设施的布置、安装 …………………………………………… 78
| | 一、起重机械布置 ………………………………………………………… 78
| | 二、承压壁的设置 ………………………………………………………… 78
| | 三、主顶设备安装 ………………………………………………………… 78
| | 四、前墙止水圈 …………………………………………………………… 78
| | 五、顶管机头 ……………………………………………………………… 79
| | 六、管内运输 ……………………………………………………………… 79
| 第三节 顶进 …………………………………………………………………… 79
| | 一、手掘式顶管 …………………………………………………………… 79
| | 二、挤压式顶管工具管 …………………………………………………… 80
| | 三、网格(水冲)式顶管 …………………………………………………… 80
| | 四、土压平衡顶管掘进机 ………………………………………………… 80
| | 五、泥水土压平衡遥控顶管掘进机 ……………………………………… 81
| 第四节 出坑 …………………………………………………………………… 81
| | 一、出洞前准备工作 ……………………………………………………… 81
| | 二、拆除封门 ……………………………………………………………… 82
| 第五节 检测与通风 …………………………………………………………… 82
| 第六节 安全记录 ……………………………………………………………… 82

第九章 盾构工程 ……………………………………………………………… 83
| 第一节 盾构进出洞 …………………………………………………………… 83
| 第二节 行车运行 ……………………………………………………………… 83
| 第三节 电机车运行 …………………………………………………………… 84
| 第四节 管片拼装 ……………………………………………………………… 84
| 第五节 管片堆放 ……………………………………………………………… 84
| 第六节 高处作业 ……………………………………………………………… 85
| 第七节 井下安全施工纪律 …………………………………………………… 85
| 第八节 拌浆间 ………………………………………………………………… 85
| 第九节 旁通道、泵站冷冻法施工 …………………………………………… 86
| | 一、基本要求 ……………………………………………………………… 86
| | 二、冻结孔打设 …………………………………………………………… 87
| | 三、地层冻结 ……………………………………………………………… 88

  四、联络通道开挖 …………………………………………………………… 89
  五、填充与注浆 ……………………………………………………………… 89

第十章 管幕法工程 ……………………………………………………………… 90
 第一节 基本要求 ………………………………………………………………… 90
 第二节 箱涵顶进风险控制 ……………………………………………………… 90
  一、箱涵出洞风险 …………………………………………………………… 90
  二、开挖面的稳定 …………………………………………………………… 91
  三、地表变形对环境的影响 ………………………………………………… 91
  四、顶力超限的风险 ………………………………………………………… 91
  五、箱涵的姿态控制 ………………………………………………………… 91

第十一章 模板工程 ……………………………………………………………… 92
 第一节 基本要求 ………………………………………………………………… 92
 第二节 滑升模板工程 …………………………………………………………… 93
 第三节 大模板堆放、安装、拆除作业 ……………………………………… 93
 第四节 大模外墙板存放、安装作业 ………………………………………… 94

第十二章 钢筋工程 ……………………………………………………………… 95
 第一节 基本要求 ………………………………………………………………… 95
 第二节 冷拉焊接作业 …………………………………………………………… 95
  一、钢筋冷拉 ………………………………………………………………… 95
  二、钢筋焊接作业 …………………………………………………………… 95
 第三节 预应力张拉作业 ………………………………………………………… 96

第十三章 堵漏及防腐工程 ……………………………………………………… 97
 第一节 基本要求 ………………………………………………………………… 97
 第二节 灌浆堵漏作业 …………………………………………………………… 97
 第三节 油漆作业 ………………………………………………………………… 97
 第四节 防腐处理作业 …………………………………………………………… 98

第十四章 燃气带气工程 ………………………………………………………… 99
 第一节 基本要求 ………………………………………………………………… 99
  一、安全措施 ………………………………………………………………… 99
  二、防毒面具及消防器材 …………………………………………………… 99
 第二节 带气作业 ………………………………………………………………… 99
  一、作业人员组织与防护 …………………………………………………… 99
  二、带气动火作业 ………………………………………………………… 100
  三、带气切割 ……………………………………………………………… 100
  四、放散 …………………………………………………………………… 100
  五、通气 …………………………………………………………………… 101
  六、检查与清扫 …………………………………………………………… 101

第十五章 养护工程 ……………………………………………………………… 102
 第一节 基本要求 ……………………………………………………………… 102

第二节　道路养护（一般道路、高速公路） ………………………………… 102
　　一、柏油（沥青） ……………………………………………………………… 102
　　二、整肩开沟 …………………………………………………………………… 103
　　三、烘油 ………………………………………………………………………… 103
　　四、倒油 ………………………………………………………………………… 103
　　五、浇油 ………………………………………………………………………… 103
　　六、撤炉 ………………………………………………………………………… 104
第三节　下水道养护（下井、下池、封拆头子） ……………………………… 104
　　一、清捞 ………………………………………………………………………… 104
　　二、摇车通沟 …………………………………………………………………… 104
　　三、机动吸泥机 ………………………………………………………………… 104
　　四、水力通沟 …………………………………………………………………… 104
　　五、捞浜 ………………………………………………………………………… 105
　　六、下窨井、封拆头子 ………………………………………………………… 105
第四节　桥梁养护 ……………………………………………………………… 105
第五节　高架道路 ……………………………………………………………… 105
　　一、基本要求 …………………………………………………………………… 105
　　二、汁封闭交通 ………………………………………………………………… 106
　　三、车辆与人员流动作业 ……………………………………………………… 107
　　四、养护安全管理 ……………………………………………………………… 107
第六节　养护维修作业控制区安全布置要求 ………………………………… 108
　　一、高速公路及一级公路 ……………………………………………………… 108
　　二、二/三级公路养护 …………………………………………………………… 108

第二篇　安全生产事故案例

第十六章　2008年××市市政公路安全生产事故 …………………………… 113
第一节　概述 …………………………………………………………………… 113
第二节　案例分析 ……………………………………………………………… 113
　　案例一　某桥梁工程辅助吊装机构起重伤害事故 …………………………… 113
　　案例二　某污水处理厂改造工程污水管道清淤作业中毒事故 ……………… 114
　　案例三　某轨道交通隧道区间工程电机车车辆伤害事故 …………………… 115
　　案例四　某污水治理顶管防腐涂装工程有毒气体中毒事故 ………………… 115
　　案例五　某桥梁工程主塔内支架坍塌事故 …………………………………… 116
　　案例六　某工程预制梁场弯曲机机械伤害事故 ……………………………… 117
　　案例七　某轨道交通车站工程高处坠落死亡事故 …………………………… 118
　　案例八　某工程桩机拆除吊装作业高压电伤害事故 ………………………… 118
　　案例九　某越江隧道工程人员坠江溺水死亡事故 …………………………… 119
　　案例十　某轨道交通车站工程拌浆机机械伤害事故 ………………………… 120
　　案例十一　某轨道交通车站工程高处坠落死亡事故 ………………………… 120

11

案例十二　某污水处理厂改造工程封堵墙拆除人员窒息死亡事故 ………………… 121
　　案例十三　某工程高架立柱钢模板拆模起重伤害事故 …………………………… 122
　　案例十四　某通道基坑工程起重伤害事故 ………………………………………… 123
　　案例十五　某轨道交通车站工程基坑物体打击事故 ……………………………… 123
　　案例十六　某工程盖梁模板支撑系统坍塌事故 …………………………………… 124
　　案例十七　某电力隧道工程物体打击死亡事故 …………………………………… 125
　　案例十八　某轨道交通隧道区间工程电机车车辆伤害事故 ……………………… 126

第十七章　2009年××市市政公路安全事故案例 ……………………………… 127
第一节　概述 ………………………………………………………………………… 127
第二节　案例分析 …………………………………………………………………… 127
　　案例一　某SMW工法围护桩施工三轴搅拌桩机机械伤害死亡事故 …………… 127
　　案例二　某旁通道工程机械伤害死亡事故 ………………………………………… 128
　　案例三　某盾构区间工程管片拼装机械伤害死亡事故 …………………………… 129
　　案例四　某大桥主桥工程物体打击死亡事故 ……………………………………… 129
　　案例五　某桩基工程导管起吊物体打击死亡事故 ………………………………… 130
　　案例六　某大桥主桥工程起重伤害死亡事故 ……………………………………… 130
　　案例七　某轨道交通车站基坑工程物体打击死亡事故 …………………………… 131
　　案例八　某高架工程模板坍塌死亡事故 …………………………………………… 131
　　案例九　某污水处理厂升级改造工程高空坠落死亡事故 ………………………… 132
　　案例十　某隧桥工程触电死亡事故 ………………………………………………… 132
　　案例十一　某公路工程起重伤害死亡事故 ………………………………………… 133
　　案例十二　某公路工程触电死亡事故 ……………………………………………… 134
　　案例十三　某公路工程起重伤害死亡事故 ………………………………………… 134
　　案例十四　某轨道交通车站工程基坑坍塌死亡事故 ……………………………… 135
　　案例十五　某地下空间开发工程高空坠落死亡事故 ……………………………… 135
　　案例十六　某高架工程高空坠落死亡事故 ………………………………………… 136
　　案例十七　某高架工程高空坠落死亡事故 ………………………………………… 136
　　案例十八　某高架工程高空坠落死亡事故 ………………………………………… 137
　　案例十九　某隧道新建工程坍塌死亡事故 ………………………………………… 137

第一篇
市政公路工程安全技术要求

第一章 基本安全规定

第一节 施 工 准 备

一、管理准备

工程开工前,施工单位项目经理部应成立安全生产领导小组,依法配置现场专职安全管理人员,建立安全管理网络。项目经理部必须建立施工现场安全生产保证体系,制定安保体系管理文件,对项目经理部管理人员进行安保体系要素职责的分解,完善考核制度并定期进行考核。施工前,项目经理部应对项目进行安全策划,对存在危险源和不利环境因素的分析辨识,制订有针对性的预防控制措施。建立工程合格分包商和合格供应商名录,根据合格名录选择施工队伍和安全物资材料的提供商。施工前,施工单位项目的技术人员应将与安全施工有关的技术要求向作业班组(含分包单位)、作业人员进行交底,并组织对一线操作人员进行安全生产知识的教育培训。未经培训或培训不合格的一线操作人员,不得上岗。按文明工地创建标准,根据工程规模及满足高峰施工人数的需要建立现场临时办公和职工生活设施。同时,开工前须办理安全质量报监、工程保险、外来人员综合保险、施工许可证、道路施工许可证、市政设施养护临时交接协议、掘路执照、临时占路执照、管线交底和监护申请卡、管线监护交底卡、保护管线配合协议单、管线保护承诺书等必须手续,并提交开工报告。

二、技术准备

施工前应编制施工组织设计和重要作业项目的专项施工方案。施工组织设计中有关安全技术措施、文明施工、管线保护和道路交通安全措施等主要内容应具有针对性和可操作性。对涉及基坑支护与降水、土方开挖、模板、起重吊装、脚手架、拆除爆破、施工用电等危险性较大的分部分项工程施工应编制专项施工方案,专项施工方案应经施工单位技术负责人审核、总监理工程师批准。对开挖深度超过5m的或深度未超过5m但地质情况和周围环境较复杂的基坑(槽)、地下暗挖、高度超过8m,或者跨度超过18m或者施工总荷载大于$10kN/m^2$或者集中线荷载大于$15kN/m^2$的模板支撑系统、桥梁单跨跨度大于等于50m且吊重大于等于50t吊装等作业的专项方案应组织专家评审。

三、交通保证

在不封交通或半封交通的施工地段,要有保证车辆通行宽度的车行道和人行通道,并办理市政养护交接手续,落实养护管路措施。封锁交通的路段,必须有特种车辆和沿线单位、居民出入的车行通道和人行通道。在工程范围内应采取有效的临时排水措施,排水流向和出路应正确,因施工对沿途单位和居民区的雨、污水管的出水造成影响,应采取有效的补救措施。下水道工程的施工沟槽,每隔一定的间距(特别是街坊、单位的出入口),均应设置有安全措施的跨槽便桥;遇暴雨等特殊情况引起沟槽淹没,施工单位应及时设置警示标志,并派专人值班看护,及时采取排水措施,确保行人、行车的安全。施工单位的大型机械、重型车辆在通过桥梁、道路前,必须到所经路线的交通管理部门办理审批手续,并按审批意见落实相应安全措施。

四、环境保护

施工前,应勘察施工区域内各种公用管线的分布情况,核准部位,向管线单位办妥"地下管线监护交底卡"。"管线交底卡",应由施工负责人填写并向操作班组和操作人员进行详细交底。在重要管线或管线复杂地段施工,应派专职人员负责管线监护工作,并通知管线相关单位派专人到场监护,若遇特殊情况应及时向有关部门报告,不得擅自处理。原排水管道头子封堵前,应向管道养护管理单位办理封堵手续,采取过渡地区排水措施,组织具有安全资质的专业队伍进行封堵。施工单位在土方开挖时必须对相邻建(构)筑物、道路、管线的沉降和位移情况进行监测,并编制应急预案,配备应急预案所需的资源。根据现场文明施工的要求,市政工程钻孔灌注桩、地下连续墙、槽壁施工,必须采取硬地坪施工法。项目经理部应设专人负责对施工隔离围挡进行维修保洁;施工现场周边的道路及沿线单位和居民出入通道应保持平整畅通无积水。在市区或居民居住区,对噪声较大的夜间施工作业,应及时到所在地环保部门办理夜间施工审批手续,未经批准,不得进行夜间施工。夜间施工前,应在所涉及范围张贴告示进行告知。

第二节 现场安全管理

一、文明施工

工程施工现场必须遵守文明施工"两通三无五必须"规定,实行挂牌施工,在施工现场的出入口规范设置施工铭牌、文明施工告示牌和文明施工承诺牌。施工区域与非施工区域必须设置明显有效的分隔设施;在市区的道路施工现场应使用统一、整齐连续的安全围护设施(LL—98型路栏)和交通标志。对因道路管线施工造成的破坏路面,因采取覆平法施工。施工现场应按文明工地创建标准的要求,规范设置职工生活区的"五有"设施,并制定生活区卫生管理办法,专人负责卫生保洁。

二、人员管理

参加施工的人员(包括学徒工、实习生、带培训人员和民工),必须熟知本工种的安全技术操作规程。在操作中,应坚守工作岗位,严格遵守安全纪律,严禁酒后操作。电工、焊工、架子工、司炉工、爆破工、起重机司机、打桩机司机、起重司索指挥等特种作业人员和各种机动车辆司机,必须经过专门的培训,合格后持证上岗。做好女工在经期、孕期和哺乳期间的保护工作。女工在怀孕期间不能胜任原岗位工作时,根据医生的证明,应给予调换轻便的工作。新工人未经三级安全教育、复岗人员未经安全岗位教育,不得盲目操作；特种作业人员、机械操作工未经专门安全培训，无有效安全上岗证，不得盲目操作。

三、安全防护

正确使用劳动防护用品，落实安全防护措施。进入施工现场，必须戴安全帽，禁止穿拖鞋或光脚。在没有防护设施的高空、悬崖和陡坡施工，必须系安全带。上下交叉作业有危险的出入口要有防护棚或其他隔离措施。距地面2m以上作业要有防护栏杆、挡板和安全网。安全帽、安全网、安全带要定期检查，不符合要求的严禁使用。施工现场的脚手架、防护设施、安全标志和警告牌，不得擅自拆动。需要拆动的，必须征得工地施工负责人的同意。施工现场的"四口、五临边"等危险部位，应有防护设施及明显标识。

四、场内交通

施工现场要有交通指示标志，交通频繁的交叉路口，应设指挥；火车道口的两侧应设安全落杆；危险地区要悬挂"危险"或"禁止通行"告示牌；夜间应设红色警示灯。工地场内行驶的车辆必须有检验合格证，斗车、平车的轨道坡度不得大于3‰，轨道的终点应有车挡，车辆的制动和挂钩应完好可靠。

第三节 施工用电及照明

一、外电线路

（一）在建工程与外电线路安全距离

在建工程不得在高、低压线路的下方施工；在高、低压线路的下方不得搭设作业棚、建造生活设施，或堆放构件、架具、材料及其他杂物等。工程（含脚手架具）的外侧边缘与外电架空线路之间必须保持安全操作距离，最小安全操作距离应符合表1-1的规定。

在建工程的外侧边缘与外电架空线路之间最小安全操作距离　　　表1-1

外电线路电压	1kV以下	1~10kV	35~110kV	154~220kV	330~500kV
最小安全操作距离(m)	4	6	8	10	15

旋转臂架式起重机的任何部位或被吊物边缘与10kV以下的架空线路边缘最小水平距离不得小于2m。施工现场开挖非热管道沟槽的边缘与埋地外电缆沟槽的边缘之间的距离不得小于0.5m。

（二）外电防护

在建工程（含脚手架具）的外侧边缘与外电架空线路之间达不到安全距离的要求时，必须采取防护措施，增设屏障、遮拦、围栏或保护网，并悬挂醒目的警告标志牌；在架设防护设施时，应由电气工程技术人员或专职安全员负责监护。在建工程（含脚手架具）的外侧边缘与外电架空线路线路之间达不到安全距离要求而又无法实施防护措施时必须与有关部门协商，采取停电、迁移外电线路或改变工程位置等措施，否则不得施工。在外电架空线路附近开挖施工时，必须防止外电架空线路的电杆倾斜、悬倒，或会同有关部门采取加固措施。在架空输电线路下面施工，应采取停电的措施；不能停电时，应采取隔离防护措施。起重机不得在架空输电线路下面工作；通过架空输电线路时，应将起重臂落下，并保持安全距离；在架空输电线路一侧工作时，无论在何种情况下，起重臂、钢丝绳、被吊物等与架空输电线路的最近距离不得小于表1-2规定。

起重臂、钢丝绳、被吊物等与架空输电线路的最近距离　　　　表1-2

输电线路电压	1kV以下	1～20kV	35～110kV	154kV	220kV
允许与输电线路的最近距离(m)	1.5	2	4	5	6

二、接地与防雷

在施工现场专用的中性点直接接地的电力线路中必须采用TN—S接零保护系统；电气设备的金属外壳必须与专用保护零线连接；专用保护零线应有工作接地线、配电室的零线或第一级的漏电保护器电源侧的零线引出。当施工现场与外电线路共用一个供电系统时，电气设备应根据要求作保护接零或保护接地。不得一部分设备作保护接零，另一部分设备作保护接地。施工现场的电力系统严禁利用大地作相线或零线；作坊类接地的电器设备，必须同时作重复接地。保护零线(PE)线应单独敷设不作他用；采用绿/黄双色线与相线、工作零线相区别；与重复接地线连接应采用绝缘多股铜芯线，截面应不小于工作零线的截面且最小截面不小于2.5mm²。每一接地装置的接地线应采用两根以上导体，在不同点与接地装置做电气连接；不得用铝导体作接地体或地下接地线；垂直接地体宜采用角钢、钢管或圆钢，不得采用螺纹钢材。施工现场所有的电器设备，除作保护接零外，必须在设备负荷线的首端处设置漏电保护装置。变压器或发电机的工作接地电阻值不得大于4Ω，保护零线每一重复接地装置的接地电阻值不应大于10Ω。保护零线除必须在配电室或总配电箱处作重复接地外，还必须在配电线路的中间处和末端处做重复接地。在相邻建筑物、构筑物的防雷装置保护范围以外的施工机械设备应按照表1-3的规定安装防雷装置；若最高机械设备上避雷针的保护范围按60°计算能够保护其他设备，且最后退出现场，则其他设备可不设防雷装置。

施工现场内机械设备需安装防雷装置的规定　　　　表1-3

地区年平均暴雨日(d)	机械设备高度(m)
≤15	≥50
>15且<40	≥32
≥40且<90	≥20
≥90及雷害特别严重的地区	≥12

施工现场内所有防雷装置的冲击接地电阻值不得大于30Ω；机械设备上的避雷针(接闪器)长度应为1～2m。

三、架空线路

架空线必须采用绝缘铜线或绝缘铝线，架设在专用的电杆上，严禁架设在树木、脚手架上。为了满足机械强度的要求，绝缘铝线截面不得小于16mm²，绝缘铜线截面不得小于10mm²；跨越铁路、公路、河流、电力线路档距内的架空绝缘铝线最小截面不小于25mm²，绝缘铜线截面不小于16mm²；档距内的架空线路不得有接头。架空线路的档距不得大于35m，线间距离不得小于0.3m；在和保护零线同一横担架设时，导线的相序排列是：L_1、N、L_2、L_3、PE。架空线路宜采用混凝土杆或木杆，混凝土杆不得有露筋、环向裂缝和扭曲，木杆不得腐朽，其梢径不得小于130mm；电杆的埋设深度宜为杆长1/10加0.6m；在松软土质处应适当加大埋设深度或采用卡盘等加固措施。拉线宜采用镀锌铁线，其截面不小于3×φ4.0mm；拉线与电杆的夹角应在45°～30°之间；拉线的埋设深度不小于1m；钢筋混凝土电杆上的拉线应在高于地面2.5m处装设拉紧绝缘子。因受地形影响限制不能装设拉线时，可采用撑杆代替拉线，撑杆的埋设深度不得小于0.8m，其底部应垫底盘或石块，撑杆与主杆的夹角宜为30°。接户线在档距内不得有接头，进线处离地高度不得小于2.5m。配电线路应采用熔断器和自动开关作短路保护。采用熔断器作短路保护时容体的额定电流不应大于电缆或穿管绝缘导线允许载流量的2.5倍，或明敷绝缘导线允许在流量的1.5倍；采用自动开关作短路保护时，其过电流脱扣器脱扣电流整定值应小于线路末端单相短路电流，并应能承受短时过负荷电流。经常性过负荷的线路、易燃易爆物邻近的线路、照明线路必须有过负荷保护。施工现场运输电杆时，应由专人指挥。小车搬运，应绑扎牢固，防止滚动；人抬时应前后响应、协调一致，电杆不得离地过高，防止一侧受力扭伤。人工立电杆时，应有专人指挥。立杆前检查工具是否牢固可靠（如叉木无伤痕，链子合适，溜绳、横绳、逮子绳、钢丝绳无伤痕）。地锚钎子要牢固可靠，溜绳各方向吃力应均匀。操作时，互相配合，听从指挥，用力均衡。机械立杆，吊车臂下不准站人，上方（吊车起重臂杆回转半径内）所有带电线路必须停电。电杆就位移动时，坑内不得有人；电杆立起后，必须先架好叉木，才能撤去吊钩；电杆坑填土密实后才允许撤掉叉木、溜绳或横绳。登杆组装横担时，活络扳手开口要合适，不得用力过猛。登杆脚扣规格应与杆径相适应，使用脚踏板，钩子应向上，使用的机具、护具应完好无损；操作时系好安全带，并拴在安全可靠处，扣环扣牢，严禁将安全带拴在瓷瓶或横担上。杆上作业时，禁止上下投掷料具，料具应放在工具袋内。上下传递料具的小绳应牢固可靠，递完料具后，要离开电杆3m以外。架空线路的干线架设（380/220V）应采用铁横担、瓷瓶水平架设，档距不大于35m，线间距离不小于0.3m。杆上紧线应侧向操作，并将夹紧螺栓拧紧；紧有角度的导线时，操作人员应在外侧作业。紧线时装设的临时脚踏支架应牢固；调整拉线时，杆上不得有人。紧绳用的多股铅（铁）丝或钢丝绳，应能承受全部拉力，与电线连接必须牢固。紧线时导线下方不得有人；终端紧线时反方向应设置临时拉线。大雨、大雪及六级以上强风天，停止登杆作业。架空线路距地面一般不低于4m，过路线的最下一层不低于6m。多层排列时，上、下层的间距不小于0.6m。高压线在上方，低压线在中间，广播线、电话线在下方。

四、电缆线路

电缆线路应采用埋地或架空敷设，严禁沿地面明设，并应避免机械损伤和介质腐蚀。电缆穿越建筑物、构筑物、道路、易受机械损伤的场所及引出地面从2m高度至地下0.2m处，必须加设防护套管。电缆接头应牢固可靠，并应做绝缘包扎，保持绝缘强度不得承受拉力。埋地敷设的电缆线接头应设在地面上的接线盒内，接线盒应能防水、防尘、防机械损伤并应远离易燃易爆、易腐蚀的场所。橡皮电缆线在架空敷设时，应沿墙壁或电杆设置，并用绝缘子固定，严禁使用金属裸线作绑线。固定点间距应保证橡皮电缆能承受自重所带来的荷重。橡皮电缆的最大弧垂距地不得小于2.5m。进户线过墙应穿管保护，距地面不得小于2.5m。电缆在室外直接埋设的深度不应小于0.6m，并应在电缆上均匀铺设不小于50mm厚的细砂，然后覆盖硬质保护层。电缆的类型应根据敷设方式、环境条件来选择，其截面应根据允许载流量和电压等级、电压损失来确定。橡胶护套电缆架空敷设时，应沿着墙壁或电杆设置，并用绝缘子固定，严禁使用金属裸线作绑线；电缆间距大于10m时，必须采用铅丝或钢线绳吊绑，以减轻电缆自重，最大弧垂距地面不应小于2.5m。电缆接头处应牢固可靠，做好绝缘包扎，保证绝缘强度，不得承受外力。电缆线路与其附近热力管道的平行间距不得小于2m，交叉间距不得小于1m。地面上应有埋设电缆的标志，并应有专人负责管理，不得将物料堆放在电缆埋设的上方。

五、配电箱及开关箱

配电系统应设置室内总配电柜和室外分配电箱，或设置室外总配电箱和分配电箱，实行分级配电。总配电箱的位置应靠近电源，分配电箱的位置应设在用电设备或负荷相对集中的地区。分配电箱与开关电箱的距离不得超过30m；开关电箱与其控制的固定式用电设备的水平距离不宜超过3m。配电箱、开关箱应布置在干燥、通风及常温的场所，不得设置在有严重损伤作用的瓦斯、烟气、蒸汽、液体及其他有害物质，及易受外来固体物撞击、强烈震动、液体侵溅及热源烘烤的场所。配电箱、开关箱安装应端正、牢固。移动式配电箱、开关箱应装设在牢固的支架上，箱底部与地面的垂直距离应在1.3~1.5m范围内；移动式分配电箱、开关箱的下底与地面的垂直距离宜在0.6~1.5m范围内。配电箱、开关箱的工作接地线应通过接线端子连接，并与保护接地线接线端子板分别设置。配电箱、开关箱内的连接线应采用绝缘导线，接头不得松动，不得有外露带电部分。配电箱、开关箱必须有防雨、防尘措施；采用金属箱体的配电箱、开关箱、金属电气安装板以及箱内电器的不带电金属底座、外壳等必须作保护接地。配电箱、开关箱内的电器应可靠完好，不得使用破损、不合格的电器。每台用电设备应配置专用的开关箱，实行"一机一闸"制，严禁用同一个开关电器直接控制二台及二台以上用电设备(含插座)。分配电箱和开关箱中两级漏电保护器的额定漏电动作电流和额定漏电动作时间应合理配合，使之具有分级、分段保护的功能。漏电保护开关不得随意拆卸和调换零部件，以免改变原有技术参数，并应经常检查校验，发现异常，必须立即查明原因予以更换，严禁带病使用。开关箱中必须设置漏电保护器，其额定漏电动作电流应不大于30mA。施工现场分配电箱上安装的漏电保护开关的漏电动作电流应为50mA，额定漏电动作时间应小于0.1s。配电箱、开关箱中导线的进线和出线口应设在箱体的底部，严禁设在箱体的上部、侧面、后面或箱门处。进、出线应加护套分路成束并做防水弯，导线束不得与箱体进、出口直接接触。移动式配电箱、开关箱的进、出线必须采用橡皮绝缘电缆；进入开关箱的电源线，严禁用插销连接。对配电箱、开关箱进行检查、维修时必须将其前一级相应的电源开关分闸断电，并悬挂停电警示牌，严禁带电作业。熔断器的熔体更换时严禁用不符合原规格的熔体代替。配电箱、开关箱送电的操作顺序为：总配电箱—分配电箱—开关箱；停电的操作顺序为：开关箱—分配电箱—总配电箱(出现电气故障的紧急情况除外)。配电箱内的开关及仪表等电器排列整齐，配线绝缘良好，绑扎成束。熔丝及保护装置按设备容量合理选择，三相设备的熔丝大小应一致。三个及其以上回路的配电箱应设总开关，分开关应标有回路名称。三相胶盖闸开关只能作为断路开关使用，不得装设熔丝，应另加装熔断器。各开关、触点应动作灵活、接触良好。配电箱的操作盘面不得有带电体明露，箱内应整洁，不得放置工具等杂物，箱门应设有线路图。下班后必须关闸断电，锁好箱门。配电箱周围2m范围内及门前不得堆放杂物。电工应经常巡视检查开关、熔断器的接点处是否过热，各接点是否牢固，配线绝缘有无破损，仪表指示是否正常等，发现隐患立即排除。配电箱应经常清扫除尘。

六、电气作业

电气作业人员必须经专业安全技术培训，考试合格持证上岗，非电工严禁进行电气作业。电工作业时，必须穿绝缘鞋、戴绝缘手套，不准酒后操作。在一般情况下，禁止带电作业。所有绝缘、检测工具应妥善保管，严禁他用，并应定期检查、控验，保证正确可靠接地或接零。所有接地或接零处，必须保证可靠电气连接。定期和不定期对现场临时用电的重复接地、设备绝缘、保护接零(地)和漏电保护开关进行检测、维修、发现隐患及时消除，并建立检测维修记录。搬迁或移动用电设备，必须经电工切断电源并作妥善处理后进行。工程竣工后，临时用电设备设施应及时按顺序切断电源后拆除，不得留有隐患。

七、作业场所的照明

在坑洞内作业、夜间施工或自然采光差场所的作业厂房、料具堆放场、道路、仓库、办公室、食堂、宿舍等，应设一般照明、局部照明或混合照明。在一个工作场所内，不得只装设局部照明。停电后，操作人员需要及时撤离现场的特殊工程，必须装设自备电源的工作照明。对于需要大面积照明的场所，应采用高压镝灯、高压钠灯、汞灯或碘钨灯，灯头与易燃物的净距离不小于0.3m。流动性碘钨灯采用金属支架安装时，支架应稳固，灯具与金属支架之间应采用厚度不小于0.2m的绝缘材料隔离。对于夜间影响飞机或车辆通行的在建工程或机械设备，必须安装设置醒目的红色信号灯，其电源应设在施工现场电源总开关的前侧。对有爆炸或火灾危险的场所，必须按危险场所等级选择相应的照明器具。照明器具和器材的质量均应符合有关标准规范的规定，不得使用绝缘老化，破损的器材、器具。

八、照明供电

现场基坑、管道、隧道等潮湿的作业环境，照明电源电压不应大于36V。在特别潮湿，导电良好的地面、锅炉或金属容器内工作的照明工具，其电源电压不得大于12V。一般施工场所宜选用额定电压为220V的照明器。36V及以下的照明变压器，必须使用双绕组型，二次线圈、铁芯、金属外壳必须有可靠保护接地。一、二次侧应分别装设熔断器，一次线长度不应超过3m。照明变压器必须有防雨、防措施。

九、照明设施

室内照明灯具距地面高度不得低于2.4m。施工照明灯具露天装设时，应采用防水式灯具，距地面高度不得低于 3m。每路照明支线上灯具和插座数不宜超过 25 个，额定电流不得大于 15A，并用熔断器保护。工作棚、场地的照明灯具，应分路控制，每路照明支线上连接灯数不得超过 10 盏。若超过 10 盏时，每个灯具上应装设熔断器。不得使用带开关的灯头，应选用螺口灯头，螺口灯头的相线应接在与中心触头相连的一端，零线接在与螺纹口相连的一端。灯头的绝缘外壳不得有损伤和漏电。照明灯具的金属外壳必须做保护接地。手持灯具应用胶把和网罩保护。单相回路的照明开关箱内必须装设漏电保护开关。照明路线不得拴在金属脚手架、龙门架或井字架上，严禁在地面上乱拉、乱拖。控制刀闸应配有熔断器和防雨措施。施工现场的照明灯具应采用分组控制或单灯控制，严禁插座与扳把开关靠近装设。

第四节 高 处 作 业

一、基本要求

高处作业的安全技术措施及其所需料具，必须列入施工组织设计；并应逐级进行安全技术教育和交底，落实人身防护用品，未经落实时不得进行施工。攀登和悬空高处作业人员即从事登高架设作业的人员，必须经过专业技术培训及专业考试合格，持证上岗，并定期进行体格检查；经医生诊断，凡患高血压、心脏病、贫血病、癫痫病以及其他不适于高空作业的人员，不得从事高空作业。施工中对高处作业的安全技术设施，发现有缺陷和隐患时，必须及时解决；危及人身安全时，必须停止作业。雨天和雪天进行该处作业时，必须采取可靠的防滑、防寒和防冻措施。凡水、冰、霜、雪均应及时清除。对进行高处作业的高耸建筑物，应事先设置避雷设施。与有六级以上强风、浓雾等恶劣气候，不得进行露天攀登与悬空高处作业。暴风雪及台风暴雨后，应对高处作业安全设施逐一加以检查，发现有松动、变形、损坏或脱落等现象，应立即修理完善。防护棚搭设与拆除时，应设立警戒区，并派专人监护。严禁上下同时拆除。高处作业者衣着要灵便，严禁穿硬底和带钉易滑的鞋。高处作业所用材料堆放应平稳，工具应随手放入工具袋(套)内，上下传递物件禁止抛掷。在没有安全防护设施时，禁止在屋架的上弦、支撑、桁条、挑架或未固定的构件上行走或作业。高空作业与地面的联系，应采用通讯装置，并有专人负责。乘人的外用电梯、吊笼，应由可靠的安全装置，除指派的专业人员外，禁止攀登起重臂、绳索，禁止随同运料的吊篮、吊装物上下。

二、临边作业

（一）临边防护

基坑周边，尚未安装栏杆或栏板的结构平台、阳台、料台、挑平台周边，雨棚与挑檐边，屋外脚手的屋面与楼层周边及水箱与水箱的周边等处，都必须设置防护栏杆。头层墙高度超过 3.2m 的二层楼周边，以及无外脚手高度超过 3.2m 的楼层周边，必须在外围架设安全平网一道。分层施工的楼梯口和梯段边，必须安装临时防护栏杆，顶层楼梯口应随工程结构进度安装正式防护栏杆。井架与施工用电梯、架桥机等施工机械、脚手架与建筑物等通道的两侧边及端头，必须设防护栏杆。地面通道上部应装设安全防护棚；双笼井架通道中间,应予分隔封闭。各种垂直运输接料平台,除两侧设防护栏杆外,平台口还应设置安全门或活动防护栏杆。

(二)防护栏杆搭设

防护栏杆由上、下两道横杆及栏杆柱组成,上杆离地高度1.0～1.2m,下杆离地高度0.5～0.6m,坡度大于1:2.2屋面(结构斜面),高度应为1.5m,并加挂安全网。除经计算外,横杆长度大于2m时,必须架设栏杆柱。栏杆柱的固定。当在基坑四周固定时,可采用钢管并打入地面50～70cm深度,钢管离边口的距离,不应小于50cm;当基坑周边采用板桩时,钢管可打在板桩的外侧;当在混凝土楼面、屋面或墙面时,可用预埋件与钢管或钢筋焊牢;当在砖或砌块等砌体上固定时,可预先砌入规格相适应的80×6弯转扁钢作预埋铁的混凝土块,然后用上述方法固定。栏杆柱的固定及其与横杆的连接,其整体构造应使防护栏杆在上杆任何处,能经受任何方向的1000N外力。当栏杆所处位置易发生人群拥挤、车辆冲击或物件碰撞等事故时,应加大横杆截面或加密柱距。

(三)密闭处理

当临边的外侧面临街道时,除防护栏杆外,敞口立面必须采取满挂安全网或其他可靠安全措施全封闭处理。

三、洞口作业

进入洞口作业以及在因工程和工序需要所产生的,是人与物有坠落危险或危及人身安全的其他洞口进行高处作业时应设置防护设施。钢管桩、钻孔桩等桩孔上口,杯形、条形基础上口,未填土的沟槽,以及人孔、天窗、地板门等处,均应按洞口防护设置稳固的盖件。施工现场通道附近的各类洞口与坑槽等处,除设置防护设施与安全标志外,夜间还应设红灯警示。洞口应根据具体情况采取防护栏杆、盖件、张挂安全网与装栅门等防护措施。洞(孔)口短边小于25cm但大于2.5cm时,必须用坚实的盖板盖设,盖板应能防止挪动移位;边长为25～50cm的洞口、安装预制构件的洞口以及临时形成的洞口,可用竹、木等作盖板,盖住洞口。盖板需能保持四周搁置均衡,并有固定其位置的措施。边长为50～150cm的洞口必须设置以扣件三扣接钢管而成的网格,并在其上满铺竹芭或脚手板,或采用贯穿于混凝土内钢筋构成防护网,钢筋网格间距不得大于20cm;边长在150cm以上的洞口,四周设防护栏杆,洞口下设安全平网。在顶管、盾构等管道井施工时,其洞口除按上款要求处理外,还应加设明显的安全标志。若遇临时性拆移,须经施工负责人核准,工作完毕后立即恢复防护设施。位于车辆行驶道旁的洞口、深沟与管道坑、槽,所加的盖板应能承受不小于当地额定车辆的后轮有效承载力2倍的荷载。建筑物的竖向洞口,凡落地的洞口应加装开关式、工具式和固定式的防护门,门栅网格的间距应不大于15cm,或采用防护栏杆,下设档脚板(芭)。邻近的有人与物坠落危险性的其他竖向洞口、孔,均应予以盖没或加以防护,并有固定其位置的措施。地铁车站、泵站等建筑物的竖向洞口,如侧边落差大于2m时,应加设1.2m的防护栏杆。

四、攀登作业

(一)基本要求

攀登的用具,结构构造必须牢固可靠,供人上下的踏板其使用时荷载不得大于1100N;

当梯面上有特殊作业，重量超过上述荷载时，应按实际情况加以验算。梯脚底部应坚实，不得垫高使用；梯子的上端应有固定措施；立梯的工作角度以 75°±5° 为宜，踏板间距以 30cm 为宜，不得有缺档。梯子若需接长使用，必须有可靠的连接措施，且接头不得超过一出，连接后梯梁的强度，不应低于单梯梯梁的强度。固定式直爬梯应采用金属材料制成。梯宽不应大于 50cm，支撑应采用不小于 ∟70×6 的角钢，埋设于焊接必须牢固。梯子顶端的踏棍应与攀登的顶面齐平，并加设 1～1.5m 高的扶手。使用直爬梯进行攀登作业时，攀登高度以 5m 为宜。超过 5m 时，应加设护笼，超过 8m 时，必须设置梯间平台。作业人员应从规定的通道上下，不得在非规定的通道或其他方法进行攀登，也不得利用吊车臂架等施工设备进行攀登。上梯子时，必须面向梯子，且不得手持器物。架梁作业若需在梁面或盖梁上行走时，其一侧的临时护栏可采用钢索，当改用扶手绳时，绳的自然下垂度不应大于 L(绳长)/20，并应控制在 10cm 以内。当无法安装防护设施时，应在作业面上合适的位置全长设置提供作业人员安全带挂保险钩的钢索。悬空作业处应有牢靠的立足处，并必须视具体情况配置防护栏网、栏杆或其他安全设施。

（二）构件吊装和管道安装

钢结构构件的吊装，构件应尽可能在地面组装，并应搭设进行临时固定、电焊、高强度螺栓连接等工序的高空安全设施，随构件同时上吊就位。拆卸时的安全设施，亦应一并考虑落实。高空吊装预应力结构件等大型构件前，也应搭设悬空作业中所需的安全防护设施。悬空吊装的第一根梁（模板、屋面板等）或单独的其他大中型构件时，必须站在操作平台上操作。吊装中的构件上严禁站人和行走。安装管道是必须由以完成的结构或操作平台为立足点，严禁在安装中的管道上站立和行走。

（三）箱梁、盖梁等模板支撑和拆卸

支模作业应根据施工组织设计要求的程序进行，模板未固定之前，不得进行下一道工序。严禁在连接件和支撑上攀登上下，并严禁在上下同一垂直面上装拆模板；结构复杂的模板，装、拆应严格按施工组织设计措施进行。支设高度在 3m 以上的立柱模板，四周应设斜撑，并应设置操作平台。支设悬挑形式模板时，应有稳固的立足点；支设临空构筑物模板时，应搭设支架或脚手架。模板上有预留孔时，应在安装后将孔封堵。混凝土板上拆模后形成的临时洞孔、临边，应按上款有关要求规范设置防护设施。拆模高处作业，应配置登高用具或搭设脚手架。绑扎钢筋和安装钢筋骨架时，必须搭设脚手架和登高设施；绑扎立柱钢筋时，不得站在钢筋骨架上或攀登骨架上下；绑扎圈梁、挑梁、挑檐、外墙等钢筋时应同步搭设脚手架，并张挂安全网；悬空大梁钢筋的绑扎，必须在满铺的脚手架上操作。

（四）混凝土浇筑

浇筑高度在 2m 以上，应搭设操作平台，不得直接在模板或支撑上操作。无可靠安全防护时，作业人员必须系好安全带并挂号保险钩，或架设安全网。

（五）预应力张拉

应搭设满足操作人员和张拉设备荷载牢固可靠的脚手架，并搭设防雨棚。预应力张拉区域应设明显的安全标志，非操作人员禁止进入。张拉钢索的两端必须设置挡板，挡板应距离所张拉钢索端部 1.5～2m，且应高出最上一组张拉钢索 0.5m，其宽度应距张拉钢索两外侧各不小于 1m。

五、交叉防护

（一）移动式操作平台

操作平台应由专业人员按现行的规范进行设计，计算书及图纸应编入施工组织设计。操作平台面积不应超过 $10m^2$，高度不应超过 5m，并应进行稳定验算及采取措施改变立柱的长细比。轮式移动式操作平台，轮子与平台的接合处应牢固可靠，立柱底端距地面不得超过 80mm。操作平台可用 $\phi48×3.5mm$ 钢管以扣件连接，或采用门架式或承插式钢管脚手架部件，按产品使用要求进行组装。平台次梁的间距不应大于 40mm，台面满铺 3cm 厚的木板。操作平台的四周必须按临边作业要求设置防护栏杆，并应布置登高梯。

（二）作业要求

由于上方施工可能坠落物件或处于起重机臂杆回转范围之内的通道，在其受影响的范围内，必须搭设顶部能防止穿透的双层防护通道。各工种进行上下立体交叉作业时不得在同一垂直方向上操作；下层作业的位置，必须处于依上层高度确定的可能坠落范围半径之外；不符合以上条件时，应设置安全防护层。钢模板、脚手架等拆除时，下方不得有其他操作人员。钢模板部件拆除后，临时堆放处离临边不应小于 1m，堆放高度不得超过 1m；"四口五临边"等边缘处，严禁堆放任何物件。结构施工自二层起，凡人员进出的通道口（包括井架、施工用电梯的进出通道口），均应搭设安全防护棚；高度超过 24m 的层次上的交叉作业，应设双层防护。

第五节 起 重 吊 装

一、管理要求

施工起重吊装作业必须要有经具体计算的吊装方案，以供正确选择起重机械、吊索具和吊装方法；对于环境因素复杂、风险较大的大型构件等吊装作业，应组织专家论证，确定吊装方案并到所属安全监督站备案。起重机械应具备有效的检测检验报告及合格证，并做好设备的产权备案、拆装告知、使用登记等手续、并经进场验收合格；起重机械驾驶人员、起重指挥及起重挂钩人员等特种作业人员必须持有效的特种操作人员上岗证。起重吊装作业前，应对所有作业人员进行书面的安全技术、操作规程及工作环境、邻近架空线路、地下管线、建筑物等综合情况和保护措施的交底。起重机械作业区的地基承载力应符合说明书的要求；起重吊装作业所用的吊具、索具、脚手架等必须经过技术鉴定或检验合格，方可投入使用。起重吊装作业应实行"吊装令"签发制度，确保起重作业的地基处理等安全技术措施落实到位。吊装作业的区域，必须设置有效的隔离和警戒标志；涉及交通安全的起重吊装作业，应及时与交通管理部门联系，办理有关手续，并按交通管理部门的要求落实好具体安全措施。起重吊装作业的全过程，必须设专职人员进行安全监控。

起重指挥应有经技术培训合格的专职人员担任，起重臂和被吊起的重物下面有人停留或行走则不准吊。钢筋、型钢、管材等细长和多根物件必须捆扎牢固，多点起吊，绑扎不牢固的则不准吊。多孔板、积灰斗、手推翻车不用四点吊或大模板外挂板不用卸扣则不准吊，预制钢筋混凝土楼板不准双拼吊。吊砌块必须使用安全可靠的砌块夹具，吊砖必须使用砖笼，并堆放整齐，木砖、预埋件等零星物件要用盛器堆放稳妥，叠放不齐则不吊。楼板、大梁等吊物上站人则不准吊。埋入地下的板桩、井点管等及粘连、附着的物件不准吊。多机作业，应保证所吊重物距离不小于 3m；在同一轨道上多机作业，无安全措施则不准吊。六级以上强风区不准吊。斜拉重物或超过机械允许荷载不准吊。

二、吊装作业

高处起重作业，必须设置供作业人员安全上下的登高设施以及供作业人员安全带能可靠悬挂保险钩的安全设施。起重吊装指挥人员作业时应与操作人员密切配合，执行规定的指挥信号；操作人员应按照指挥人员的信号进行作业，当信号不清或错误时，操作人员可拒绝执行。悬空吊装的第一件或单独的梁体等预制构件，必须站在操作平台上操作；吊装中的构件上，严禁站人和行走。在无法建立安全防护设施的特殊情况下，高空作业人员必须系好安全带，并扣好保险钩，或加设安全网。钢结构的吊装，构件应尽可能在地面组装，并应搭设供临时作业的脚手架等高空安全设施，随构件同时上吊就位；高空吊装其他大型预制构件前，也应搭设悬空作业中所需的安全设施。起重吊装作业时，起重臂和重物的下方严禁有人停留、工作或通过；重物吊运时严禁从人和起重机驾驶室上方通过；严禁用起重机载运人员。操纵室远离地面的起重机械，在指挥发生困难时，地面及作业层的指挥人员均应采用对讲机等的通讯联络进行指挥。

起重机械的工作地基，必须按施工组织设计要求进行加固处理；履带式起重机正常作业时，其坡度不得大于 3°；起重机械应与基坑、沟渠保持安全距离。汽车、轮胎式起重机在作业前，必须全部伸出支腿，并在撑脚板下垫方木，调整机体时回转支承面的倾斜度在无荷载时不大于 1/1000，支腿的定位销必须插上；底盘为弹性悬挂的起重机，放支腿前必须先收紧稳定器；作业中严禁扳动支腿操纵阀；调整支腿必须在无载荷时进行，并将起重臂转至正前或正后再进行调整。起重机械的变幅指示、力矩限制器、起重量限制器以及各种行程限位开关等安全保护装置，应完好齐全、灵敏可靠，不得随意调整或拆卸，严禁利用限制器和限位装置代替操纵机构。吊索与物件的夹角宜采用 45°～60°，且不得小于 30°，吊索与物件棱角之间应加垫块。严禁起吊重物长时间悬挂在空中，作业中若遇突发故障，应立即采取措施使重物降落到安全的地方，下降中严禁制动，并关闭发动机或切断电源后进行维修；在突然停电时，应立即把所有控制器拨到零位，并采取措施将重物降到地面。

第六节 脚手架工程

一、管理要求

单管立杆扣件式双排脚手架的搭设高度不宜超过 30m；当需要搭设超过 30m 高度的脚手架，必须编制专项安全施工方案，可采用双管立杆、分段卸荷、分段悬挑等方法，分段悬挑式脚手架每段高度不宜大于 25m。脚手架和模板支架在搭设前，必须编制专项施工方案，并经审批合格。脚手架和模板支架在搭设和拆除前，必须进行安全、技术交底。从事脚手架搭设和拆除的人员，必须是经过按现行国家标准《特种作业人员安全技术考核管理细则》GB 5036 考核合格的专业架子工，并经体检合格，方可持证上岗，并配备必须的个人安全防护用品。脚手架或模板支架必须与邻近高压架空线路保持安全距离，特殊情况下不能保持安全距离时，应搭设外电防护隔离设施；若遇无法保持安全距离又无法建立外电防护设施的情况，必须在外电线路停电后方可进行搭设。脚手架的基础应根据脚手架及模板支架的搭设高度、承载要求、土质情况及现行国家标准《地基与基础工程施工及验收规范》，按专项施工方案的要求，进行加固处理和验收；脚手架（模板支架）的场地内不得有积水。对脚手架及模板支架所使用的材料，应进行检查验收，不合格的产品不得使用。脚手架及模板支架基础验收合格后，应按专项施工方案的要求进行放线定位。脚手架和模板支架在搭设或拆除时，应设立作业警戒区，并派专人进行监控，严禁非操作人员入内。脚手架和模板支架在搭设过程中，应进行分步验收，全部验收合格，挂牌后方可投入使用；使用过程中脚手架应进行安全检查，并设专人进行维护。在脚手架和模板支架的使用期间，严禁拆除主接点处的纵、横向水平杆和纵、横向扫地杆、连墙件。在脚手架及模板支架上进行电、气焊作业时，必须有防火措施并设专人监护。脚手架作业层上的施工荷载应符合设计要求，不得超载；不得将模板支架、缆风绳、泵送混凝土和砂浆的输送管等固定在脚手架上。脚手架及模板支架应按现行行业标准《施工现场临时用电安全技术规范》采取接地等防雷措施。不得在脚手架、模板支架基础及邻近处进行挖掘作业，否则应采取安全措施，并报主管部门批准。当有六级以上大风和雾、雨、雪天气时应停止脚手架搭设和拆除作业；雨、雪后上架作业应有防滑措施，并应扫除积雪。

二、材料验收

脚手钢管应采用现行国家标准《直缝电焊钢管》GB/T 13793 或《低压流体输送用焊接钢管》GB/T 3092 中规定的 3 号普通钢管，其质量应符合现行国家标准《碳素钢结构》GB/T 700 中 Q235—A 级钢的规定，宜采用 $\phi48\times3.5mm$ 的钢管。钢管应有产品质量合格证；每根钢管的最大质量不应大于 25kg，壁厚 3.5mm（±0.5mm），最大长度不大于 6.5m，钢管上严禁打孔。钢管表面应平直光滑，不应有裂缝、结疤、毛刺、分层、错位、硬弯、压痕和深的划道；钢管必须涂有防锈漆。旧钢管锈蚀抽样检查应每年一次，锈蚀深度不得大于 0.5mm，无严重弯曲变形。新扣件应有生产许可证，法定检测单位的测试报告和产品质量合格证，并按现行国家标准《钢管脚手架扣件》GB 15831 的规定进行抽样检测。旧扣件使用前应进行质量检查，有裂缝、变形的严禁使用，出现滑丝的螺栓必须更换，新、旧扣件必须进行防锈处理。脚手架使用的扣件，在螺栓拧紧扭力矩达到 65N·m 时不得发生破坏。竹脚手板宜采用毛竹或楠竹制作的竹笆板、竹串板；市政施工中广泛采用的竹笆板，其每根竹片宽度应不小于 30mm，厚度不小于 8mm，边缘纵横筋相交点用钢丝扎紧，板长一般为 2m，宽度为 0.8～1.2m；凡虫蛀、青嫩、枯脆、松散的竹脚手板，一律不准使用。

三、脚手架搭设

脚手架搭设施工时，严禁将 48mm 与 51mm 的钢管混合使用，扣件螺栓拧紧力矩应控制在 40～65N·m 之间。脚手架必须设置纵、横向扫地杆，纵向扫地杆应采用直角扣件固定在距底座上皮不大于200mm处的立杆上。横向扫地杆亦应采用直角扣件固定在紧靠纵向扫地杆下方的立杆上；当立杆基础不在同一高度上时，必须将高出的纵向扫地杆向低处延长两跨与立杆固定，高低差不应大于1m；靠边坡上方的立杆轴线与边坡的距离不应小于500mm。脚手架底层步距不应大于2m。

（一）立杆安装

每根立杆底部应设置底座或垫板；立杆底座、垫板应准确地放在定位线上，垫板应采用长度不少于两跨，厚度不小于50mm的木垫板，也可采用槽钢。立杆接长除顶层顶部可采用搭接外，其余各层各步接头必须采用对接扣件连接。搭接长度不应小于1m，应采用不少于2个旋转扣件固定，端部扣件盖板的边缘至杆端距离应不小于100mm。模板支架的立杆采用单根立杆时，立杆应设在梁模板中心线处，其偏心距不应大于25mm；设在模板支架立杆根部的可调整底座，当其伸出长度大于300mm时，应采取可靠措施固定。立杆的对接扣件必须交错布置，相邻立杆的接头不得设置在同步内，同步内隔一根立杆的两个相隔接头在高度方向错开的距离不宜小于500mm，各接头中心至主接点的距离不宜大于步距的1/3。立杆的纵距应不大于1.8m，高度应高出女儿墙（作业面）1m，高出檐口上皮1.5m；脚手架应配合施工进度搭设，一次搭设高度不应超过相邻连墙件以上两步。

（二）纵、横向水平杆

纵向水平杆宜设置在立杆的内侧，其长度不宜小于3跨；纵向水平杆的接长宜采用对接扣件连接，也可采用搭接。纵向水平杆的对接扣件应交错布置，两根相邻纵向水平杆的接头不宜设置在同步或同跨内；不同步或不同跨两个相邻接头的水平方向错开的距离不应小于500mm；各接头中心至最近主接点的距离不宜大于纵距的1/3。搭接长度不应小于1m，应等间距设置3个旋转扣件固定，端部扣件盖板边缘至搭接纵向水平杆杆端的距离不应小于100mm。当使用竹笆脚手板时，纵向水平杆应采用直角扣件固定在横向水平杆上，并应等间距设置，间距不应大于400mm；当使用冲压钢脚手板、木脚手板、竹串片脚手板时，纵向水平杆应作为横向水平杆的支座，用直角扣件固定在立杆上。主接点处必须设置一根横向水平杆，用直角扣件扣接且严禁拆除；主接点处两个直角扣件的中心距不应大于150mm；在双排脚手架中，靠墙的一端外伸长度不应大于0.4L，且不应大于500mm。作业层上非主接点的横向水平杆，宜根据支承脚手板的需要等间距设置，最大间距不应大于纵距的1/2；使用竹笆脚手板时，双排脚手架的横向水平杆两端，应用直角扣件固定在立杆上。

（三）脚手板

作业层脚手板应满铺、铺稳，离开墙面（建筑物）120~150mm，竹串片脚手板、木脚手板、冲压钢脚手板等应设置在三根横向水平杆上；当脚手板长度小于2m时，可采用两个横向水平杆支承，但应将脚手板两端与其可靠固定，严防倾翻；此三种脚手板的铺设，可采用对接铺设，亦可采用搭接铺设；脚手板对接平铺时，接头处必须设置两根横向水平杆，脚手板外伸长度应取130~150mm，两块脚手板外伸长度的和不应大于300mm；脚手板搭接铺设时，接头必须支承在横向水平杆上，搭接长度应大于200mm，其（两脚手板端部）伸出横向水平杆的长度不应小于100mm。竹笆脚手板应按其主竹筋垂直于纵向水平杆铺设，且采用对接平铺，四角应用1.2mm镀锌钢丝固定在纵向水平杆上。作业层端部的脚手板探头长度应取150mm，其板长的两端均应与支承杆可靠地固定。

(四)剪刀撑与横向斜撑设置

双排脚手架应设剪刀撑于横向斜撑;单排脚手架应设剪刀撑;模板支架的四边与中间每隔四排支架立杆应设置一道纵向剪刀撑,模板支架的横向也应按施工方案设置剪刀撑,由底至顶连续设置,两端与中间每隔四排立杆从顶层开始向下每隔两步设置一道水平剪刀撑。每道剪刀撑跨越立杆的最多根数应遵守表1-4的规定。每道剪刀撑宽度应不小于4跨,且应不小于6m,斜杆与地面的倾角宜在45°~60°之间。

剪刀撑跨越立杆的最多根数　　　　　　　　　表1-4

剪刀撑斜杆与地面的倾角 α	45°	50°	60°
剪刀撑跨越立杆的最多根数 n	7	6	5

高度在24m以下的单双排脚手架,必须在外侧面的两端各设置一道剪刀撑。并应从底至顶连续设置;中间隔道剪刀撑之间的净距不得大于15m。剪刀撑斜杆的接长宜采用搭接,其搭接长度应不小于1m,应采用不少于2个旋转扣件固定,端部扣件盖板的边缘至杆件端距离不应小于100mm。剪刀撑的斜杆应用旋转扣件固定在与之相交的横向水平杆的伸出端或立杆上,旋转扣件的中心线至主接点的距离不宜大于150mm。剪刀撑、横向斜撑应随立杆、纵向和横向水平杆等同步搭设,各底层斜杆下端必须支承在垫块或垫板上。脚手架作业层、斜道的栏杆和挡脚板的搭设应符合下列规定:栏杆和挡脚板均应搭设在立杆的外侧;上栏杆上皮高度应为1.2m;挡脚板的高度应不小于180mm;中栏杆应居中设置。

四、附属设施

人行兼做材料运输的高度不大于6m的斜道宜采用一字形斜道;高度大于6m的斜道宜采用之字形斜道。运料斜道的两侧、平台外围和端部均应设置连墙件,每两步应加设水平斜杆,并设置剪刀撑和斜撑。

(一)斜道的构造

斜道宜附着外脚手架或建筑物设置,运料斜道的宽度不宜小于1.5m,坡度宜采用1:6。人行斜道的宽度不宜小于1m,坡度宜采用1:3。拐弯处应设置平台,其宽度应不小于斜道宽度。斜道两侧及平台外围均应设置栏杆及挡脚板,栏杆高度为1.2m,挡脚板高度应不小于180mm。

(二)斜道脚手板

脚手板横铺时,应在横向水平杆下增设纵向支托杆件,纵向支托杆间距不应大于500mm。脚手板顺铺时,接头宜采用搭接;下面的板头应压住上面的板头。采用竹笆作脚手板时,应使下面的竹笆压在上面的竹笆上,并用钢丝扎紧多点固定。人行斜道和运料斜道的脚手板上应每隔250~230mm设置一根防滑木条,木条的厚度宜为20~30mm。

五、脚手架的检查与验收

脚手架检查与验收阶段应选择在:(1)脚手架基础完工后脚手架搭设前;(2)作业层上施加负载前;(3)每搭设完10~13m高度后;(4)达到设计高度后;(5)遇有六级大风与大雨后;(6)脚手架停用超过一个月。检查验收依据施工组织设计及变更文件及技术交底文件。脚手架定期检查项目应包括:(1)地基是否积水、底座是否松动、立杆是否悬空;扣件螺栓是否松动(尤其是主接点处的扣件螺栓);(2)是否超载;(3)安全防护设施是否符合规范要求等内容。脚手架搭设允许偏差范围,地基表面坚实平整不积水,垫板不晃动,立杆底座部滑动沉降值为－10mm;立杆最后验收垂直度为±100mm(脚手架高度 20～80m);脚手架立杆的间距,步距:±20mm;纵距:±50mm;横距:±20mm;纵向水平杆的高差,用水平尺测量一根杆的两端:±20mm;同跨内两根纵向水平杆的高差:±10mm;双排脚手架横向水平杆外伸长度:－50mm;(外伸长度为 500mm);剪刀撑斜杆与地面的倾角:45°～60°;杆件搭接长度应不小于 1m,采用不少于 2 个旋转扣件,端部扣件盖板边缘至杆端距离不小于 100mm;钢管外表面锈蚀程度应不大于 0.50mm。

六、脚手架拆除

脚手架的拆除现场,必须设警戒区域,张挂醒目的警戒标志,警戒区域内禁止非操作人员通行或在脚手架下方继续组织施工;地面监护人员必须履行职责;高层建筑的脚手架拆除,应配备良好的通讯装置。仔细检查吊运机械和索具是否安全可靠,吊运机械不允许搭设在脚手架上,应另设装置或采用起重设备吊运。应具备足够的照明设备。所有高处作业人员,应严格按规定执行并遵守安全纪律和拆除工艺要求。建筑物内所有门窗必须关好,不允许向外伸挑物件。拆除人员进入岗位以后,先进行检查、加固松动部位,清除步层内遗留的材料、物件及垃圾块;所有清理物应安全输送到地面,严禁高处抛掷。按搭设的相反程序进行拆除,即:安全网—踢脚板—防护栏杆—搁栅—斜拉杆—边墙杆—大横杆—小横杆—立杆。不允许分立面拆除或上、下二步同时拆除(踏步式),认真做到一步一清。所有的边墙杆、斜拉杆、隔离设施、登高设施必须随脚手架步层同步进行下降,不准先行拆除。所有杆件与扣件,在拆除时应分离,不允许杆件上附着扣件输送地面或两杆同时拆下输送地面。所有垫铺笆拆除,应自外向里竖立、搬运,防止自里向外翻起后,笆面垃圾物件直接从高处坠落伤人。脚手架内必须使用电焊、气割工艺时,应严格按照国家特殊工程的要求和消防规定执行。当日完工后,应仔细检查岗位周围的情况,如发现留有隐患的部位,应及时进行修复或继续完成至一个程序、一个部位的结束,方可撤离岗位。输送至地面的所有杆件、扣件等物件,应分类堆放整理。

第七节 拆 除 作 业

一、管理要求

熟悉被拆除建筑物(或建筑物)的竣工图纸,弄清建筑物的结构情况、建筑情况、水电及设备管道情况。组织各相关人员学习有关标准规范和安全技术文件。组织调查拆除工程周围环境、场地、道路、水电设备管路、危房情况。编制拆除工程安全施工组织设计和应急技术方案,并经企业技术负责人、总监理工程师审核批准。拆除工程项目经理是拆除工程施工现场的安全生产第一责任人,应按施工组织设计要求,确保拆除工程所需的安全投入;项目经理部应设专职安全员,检查督促各项安全技术措施的落实。拆除工程施工现场的安全管理由施工单位负责,从业人员应办理相关用工手续,进行安全培训,考试合格后,方可上岗作业。拆除工程施工前,必须由工程技术人员对施工作业人员进行书面安全技术交底,并履行签字手续;特种作业人员必须持有效证件上岗作业。进入施工现场的人员,必须佩戴安全帽;凡在2m及以上高处作业无可靠防护设施时,必须正确使用安全带。若遇恶劣气候条件(如大雨、大雪、浓雾、六级及以上大风等)影响施工安全时,严禁拆除作业。施工现场临时用电必须遵守现行国家标准规范《施工现场临时用电安全技术规范》JGJ 46—2005的有关规定,夜间施工必须配置足够的照明。在办妥所有相关手续后,方可进行拆除施工作业。拆除施工采用的脚手架、安全网,必须由专业人员搭设,由工地负责人组织验收合格后,方准投入使用;安全防护设施验收时,应按类别逐项查验,并应有验收记录。拆除施工严禁立体交叉作业;水平作业时,各工位应有一定的安全距离;作业人员必须配备相应的劳动防护用品,并应正确使用;在爆破施工作业现场应按现行国家标准《安全标志》GB 2894的规定,设置相关的安全标志,并设专人巡查。拆除工程施工中,一旦发生险情或异常情况时,应立即停止施工查明原因,及时排除险情;若发生安全事故时应立即组织抢救,保护事故现场,并向有关部门报告。

二、文明施工

拆除工程施工现场清运渣土的车辆应在指定地点停放;车辆应封闭,车辆出入现场应设专人指挥;清运渣土的作业时间应遵守有关规定;在拆除工程施工时,派专人对被拆除部位采取洒水等降尘措施;爆破拆除时,应采用密目式安全网,将爆破范围全封闭,减少对周围环境的影响。拆除工程施工范围内地下的各类管线,施工单位应在地面上设置明显标志;对检查井、污水井等应采取保护措施。施工单位必须落实防火安全责任,建立义务消防组织,明确责任人负责施工现场的日常消防工作;根据拆除工程现场的作业环境,制定相应的消防安全措施。现场应保证充足的消防水源,消火栓控制范围不宜大于50m;配备足够的灭火器材,每个设置点灭火器数量应为2~5只。施工作业动火时必须履行动火审批手续,经现场防火负责人批准取得动火证后,方可在指定的时间、地点进行作业;作业时应配备专人监护,作业后必须确认无火源危险后方可离开作业地点。拆除建筑物时,当遇有易燃、可燃物及保温材料时,严禁明火作业;施工现场应设置宽度不小于3.5m的消防车通道,并保持畅通。

三、现场准备

清除拆除范围内的物质、设备,疏通运输道路,拆除施工中临时水、电源、设备。切断被拆除建筑物的水、电、煤气、暖气管道等;检查周围危旧房,必要时进行临时加固。施工前向周围群众通报施工注意事项,出安民告示,在拆除危险区设置警戒区标志,并采取可靠防护措施。

拆除作业专业施工队伍、机械设备、材料的准备,拆除工作所需的机器工具、起重及运输机械和爆破拆除施工专业队伍。爆破拆除专业施工队伍必须具备专业施工资质,原则上爆破拆除施工现场不设立爆破器材及危险品的存放库。

四、安全技术规定

(一)基本要求

在拆除工程施工前,必须组织各级管理和作业人员学习安全操作规程及针对拆除工程编制的施工组织设计。工程负责人要根据施工组织设计和安全技术措施、安全操作规程对参加作业的人员进行详细的书面交底。在拆除工程施工前，应将电线、燃气管道、上下水管道、供热设备管道等干线、通向建筑物的支线切断或迁移。从事拆除工作的作业人员，应站在专门搭设的脚手架上或其他稳固的结构部分上操作。拆除区周围应设立围栏，挂警告牌，并派专人监护，严禁无关人员逗留。拆除建筑物应采用自上而下的顺序进行，禁止数层同时拆除，当拆除某一部分的时候，应防止其他部分的倒塌。拆除过程中，现场照明不得使用被拆除建筑物中的配电线，应另外设置配电线路。拆除建筑物的栏杆、楼梯和楼板等，应该和整体进度相配合。在拆除建筑物时，楼板或构筑物上不准有人聚集和堆放材料，以免结构超载发生倒塌。高处进行拆除工程，要设置溜放槽，以便散碎废料顺槽溜下。拆下较大或沉重的材料，要用起重机械及时吊下或运走，禁止向下抛掷；拆卸下来的各种材料要及时清理，分别堆放在一定位置。拆除石棉瓦及轻型结构屋面工程时，严禁施工人员直接踩踏在石棉瓦及轻型板上进行工作，必须使用移动板梯，板梯上部必须固定，防止高处坠落。

（二）整体推倒

拆除建筑物一般不宜采用整体推倒的方法。遇有特殊情况，必须采用推倒的方法时，应符合下列要求：

（1）砍切墙根的深度不能超过墙根的1/3，墙的厚度小于两块半砖的时候，不准进行掏掘。

（2）为防止墙壁向掏掘方向倾倒，在掏掘前要用支撑撑牢。

（3）建筑物在推倒前，应发出信号，待所有人员远离建筑物高度的2倍以上的距离后，方可进行。

（4）在建筑物推倒倒塌范围内，有其他建筑时，严禁采用推倒的方法。

（三）控制爆破拆除方法

严格遵守《土方爆破工程施工与验收规范》关于拆除爆破的规定，在人口稠密、交通要道等爆破建筑物，应采用电力或导爆索起爆，不得采用火花起爆。当分段起爆时，应采用毫秒雷管起爆。采用微量炸药的控制爆破应采取适当的防护措施，如对低矮建筑物采取适当护盖，对高大建筑物爆破设一定的安全区，避免对周围建筑物和人身的危害。爆破时对原有蒸汽锅炉和空压机房等高压设备，应将其压力降到 $1 \sim 2$ 个 atm。爆破各道工序要认真细致地操作、检查与处理，杜绝各种不安全事故发生；爆破要有临时指挥机构，便于分别负责爆破施工与起爆等有关安全工作。用爆破方法拆除建筑物部分结构的时候，应保证其他结构部分的良好状态；爆破后，若发现保留的结构部分有危险征兆，应采取安全措施后，再进行工作。

五、水下作业

（一）下井、下池清捞

开启进水口，必须用工具，不可用手拉。开启进水口后，操作人员不得离开，否则应将盖子盖好。捞污泥，要当心工具柄不横倒，不脱落，要注意过往车辆、勿碰伤行人。污泥车上要竖立警示牌，工作时不准横在路上，注意交通安全。污泥车必须停靠在非主干道马路的路边，晚上设置警示灯光信号。

(二) 通沟

摇车通沟不准在开启井盖时将头伸进井中观看，以防中毒。开启井盖后，严禁吸烟及火种接近，防止气体燃烧，开启井盖后应有人监护或设安全护栏加以防护。摇车必须有防护罩，要严密罩好。工地设置摇车前，应先在窨井2～3m处迎车辆的行进方向放置安全护栏和红白带等设施。疏通工具应放在路栏的内侧，不得横在路中央。摇车摇绳时，先检查滑轮架是否放平稳，钢丝绳在滚轴上必须并排整齐，排列钢丝绳可用弯钩纠正，不得直接用手操作。溜放钢丝绳和铁牛不得过快，前后摇车应互相配合，统一指挥，以防钢丝绳脱离车伤人和摇车柄打伤人；钢丝绳在摇动时如挂上垃圾，不准用手拿。铁牛摇不动时，要来回慢摇几次，摇车翘起时，要放松钢丝绳，人不准踏在摇车上跳。抽竹片和捞污泥时要注意行人和车辆以及商店橱窗，防止击伤人。操纵人员不得离开工作岗位，行人不准进入现场，以防被摇车砸伤或失足坠入井内。发动摇车抽拉绳子时，要注意来往行人，防止抽绳时碰伤他人。污泥拖斗停放要妥当，不要妨碍交通，污泥卸入后应将盖子盖好。

水力通沟冲水车枪头要对准进水口，防止水枪冲在行人身上和枪头脱手伤人。工作人员上下车时要拉牢坐稳，车未停妥，不得上下。机动冲水车在行驶中，驾驶室不准载坐非工作人员。水力通沟的潮闸门，开关要掌握载水位高度，防止水过高溢上路面；放水时拉浮牛尾巴绳的和前一只井的人员都要准备好，防止奔跑跌倒。

(三) 机动吸泥机作业

驾驶员和操作人员必须思想集中谨慎驾驶，特别是狭窄路面，注意障碍物和行人安全。吸泥车停放位置要适当，橡皮管放在车前，车上下操作人员要配合，防止橡皮管突然滑下伤人。

(四) 下窨井，封拆头子

严格执行下池下井申报制度，在上级主管部门批准并落实安全措施后方可操作；对于管径小于0.8m的管道，严禁进入管道内作业。在下池下井前，必须用硫化氢气体测试仪等仪器测试含毒气体程度；池和井周围严禁吸烟，同时弄清管径、流量缓急、河的潮汐水位等情况，并将附近窨井盖打开三只以上(井口用安全护栏护好)10min后，做好防护措施(穿着防毒具、防毒口罩、橡皮衣、安全带、安全帽等)方可下池下井。下池，下井工作后，上面监护人员不得少于两人，监护人员必须集中思想，注意井下人员操作动态，监护人员必须拉住下井操作人员安全带，并随时与下面操作人员取得联系。封头子要先封上游，后封下游；拆头子要先拆下游，后拆上游，并要拆除干净，以防止气体逸出。下井操作人员在洗刷管壁后不准用手直接操作，以免手被垃圾划破，引起破伤风等病症。下池下井如需照明，应用干电池灯，不准用行灯和电石灯。

(五) 潜水作业基本规定

潜水作业前五查、五防。查泵站距离远近；防泵站抽水；查附近环境；防有毒工厂的污染；查窨井有毒或易燃易爆气体；防中毒、严禁明火；查工地机械设备、电器；防机、电故障；查潜水装具；防装具漏水。潜水水下作业的"六严禁"规定：(1)严禁解脱保险绳(岸上端应系紧并由专人看管)；(2)严禁违反在下水前交底的约定和承诺；(3)严禁脱卸供气管；(4)严禁脱卸压铅和镜片；(5)严禁双脚超过膝盖；(6)严禁身体、手脚对着开口的方向。

潜水员必须经过专业培训，经考核合格持相应有效操作证件，并经体检合格，方可上岗。潜水深度大于 12m 时，应对潜水员下水前进行体格检查，并仔细询问饮食、睡眠、情绪、体力等状况。潜水员如有下列情况者，不准进行潜水作业：(1)主诉感觉不适或面带倦容者；(2)体温超过正常范围者(口腔温度 37.3℃以上、腋下温度 36.8℃以上)；(3)脉搏在 90 次/分以上者；(4)血压：收缩压高于 150mm 汞柱或舒张压高于 90mm 汞柱者；(5)神志不清或当天酗酒者；(6)24h 内曾经进行过深水潜水作业者。

1. 作业准备

潜水作业前，应将当天潜水作业的内容、范围、水下作业环境、水位深浅及流速，掌握潮汐规律，水下禁止进入范围等关键情况，结合针对性的安全技术防护措施、应急处置方法，向潜水作业人员进行书面进行交底。配备有毒有害气体和可燃性气体探测仪器；配备两套潜水装备；通话机、信号绳和空气压缩机及保险绳等潜水作业的个人防护用品必备器材；空气压缩机应由专门的供电箱双路供电，安排专人看管电源和空气压缩机。地面设医务人员、专用急救车辆和器材，医务人员、急救车辆和驾驶员不得擅自离岗。现场应有专职安全管理人员跟踪监护。办理潜水作业审批手续。潜水作业前，必须先行测试作业范围气体情况，发现高浓度有毒气体或易燃易爆气体时，应停止作业，并向有关部门汇报，待采取可靠安全措施，并经检测合格后方可进行作业。在潜水作业环境中，如溶有腐蚀性的化学品或汽油等油类时，必须对潜水员皮肤或服装采取合适的防护措施，方准予下水作业。下水前，检查潜水衣是否完好无损，气门是否灵活。检查对讲机、信号绳、空气压缩机是否完好并经试使用合格；防毒面具滤毒罐是否符合说明书上的要求等，准备工作不充分，不得下水。

2. 潜水作业

合理使用防护用品。潜水员上、下水必须采用保险绳帮助，严防发生坠落事故；潜水员下水前应配备与指挥人员一对一的对讲机，实行一对一通话指挥。潜水员在潜水前应注意作业区的水流与水下工作部位的关系，了解流速与流向的转换情况；在水面和水下流速不一、流向不同之处，潜水员应及时向信号绳控制员讲清操作方法和注意事项，使之配合密切。潜水作业下沉和上浮时要适当掌握气量，保持身体平衡；水底下操作人员不可站立行走，要用手摸前进。送气管应保持其直线度，切莫预留过多以防产生绕管；送气管、信号绳在使用中不能打折或盘绕。凡从事污水处理厂、防汛泵站清除垃圾、水下检修各类泵及设备、闸门等作业时，为预防有毒气的溢出，必须使用防毒面具。防毒面具滤毒罐累计使用时间不得超过 90min，其增加的重量不得超过 20g，每次使用完毕均须做好详细记录并妥善保管。使用防毒面具时，应按说明书要求正确佩戴，滤毒罐开启后应放在背包内妥善保管，用完后须盖紧，防止受潮。水下作业时间不得超过 2h，以防脱力；潜水员在作业时若发现身体不适、头昏胸闷等不良症状，必须立即停止作业，向地面联系帮助上岸。水下作业人员必须与地面随时保持通话联系，发现异常情况，应立即停止作业并采取适当的保护措施。潜水员在潜水作业的过程中，配合及监护人员应分工明确、各负其责，时刻坚守岗位。潜水员在潜水作业前禁止喝酒；潜水员在水下作业前，应对潜水装具的完好状态进行确认，经确认良好后，方可下水作业；下水作业时，必须始终保持头部高于脚部，以免发生倒栽的放漂事故；潜水员在潜水作业时，应绝对服从潜水指挥的安排，当接到警报信号时，应立即上升出水。潜水作业中，若发现废水有严重危及人体或设备设施时，必须停止作业，待采取可靠安全措施后，方可继续作业。

3. 应急情况处置

供气突然中断情况，接到警报后，地面配合人员应立即启动备用气源，接通供气管使之正常供气，同时立即拉动保险绳及导索帮助潜水员迅速上岸脱离险境，并设法解除供气管的打折或缠绕；派员立即修复产生故障的气源设备设施或准备合格的气源设施。发生供气中断警报时，潜水人员除立即向潜水指挥人员发出求救信号外，应迅速拉下安全信号阀杆，不放弃最后获得呼吸微量气源的机会，并尽可能沿导索上升或自由上升，在能见度较好的情况下上升，其速度宜控制在低于呼出气泡的上升速度。潜水员在水下卸装、卸压铅的紧急上升，应尽可能用之于因气管缠绕而无法摆脱的紧急情况。潜水员脱离险境上岸后，应立即迅速帮助卸装，根据潜水员当时身体状况进行现场急救和迅速送医院抢救。

潜水作业中毒（氧中毒、硫化氢中毒），发出指挥信号，要求潜水员迅速上升出水，同时用保险绳帮助潜水员上升出水，迅速卸除潜水装具，脱离中毒环境；若潜水员在水下发生中毒，又有放漂事故发生的可能时，应立即另派潜水员下水施行急救措施。使潜水员在通风的环境里宽衣、卧床休息并注意安静和保暖。必要时，送医院进行急救。

第二章 道路工程

第一节 管理要求

施工前应进行安全交底。施工现场要安全护栏和安全警戒标志等安全设施，夜间必须设置有效的警示灯。施工人员在砌石板、侧石、平石、花岗石，敲台阶作业时应戴好手套；浇柏油、铺沥青砂必须穿戴工作服、工作鞋、戴口罩、手套、风镜，皮肤外露部分宜涂防护油膏；夏天施工严禁赤膊、穿短裤、凉鞋工作。堆放材料离开消防龙头距离不应小于3m，严禁盖没进水口；堆放平板、侧平石堆放严禁过高（石板堆放数量不超过20块，竖放不超过3层，侧平石交叉堆放不超过6层），并注意地基平整坚实，放平摆稳，防止摇动倒塌伤人；搬运时应防止断裂压伤脚；堆放大石块高度不得超过1m；挑选石料时应防止石块塌滑压伤脚；使用劳动车、手推车装运石块、木料时，应防止车子翘头和手脚扎伤。在维持交通的道路施工时，要留有必要的车道宽度，且必须安排工地纠察维持交通，保证施工现场交通安全。施工人员使用锹、镐、大榔头等工具作业时，前后左右应保持1m以上的安全距离。夜间施工应有足够照明。施工现场临时安装的电气设备必须符合安全用电要求，并配置专职电工管理，其他人员不得擅自接电、拉线。

第二节 施 工 作 业

一、翻挖路面

翻挖路面应注意来往行人、店户、橱窗，避免石块弹伤行人。使用撬棒时，在撬棒的另一头应套上橡皮管，防止击伤头部、肩部、严禁用脚踩方法撬挖、防止跌伤；撬棒不用时应放平摆稳，防止倒塌砸伤。榔头木柄安装必须牢固，凿子应经常检查，敲毛的应立即换掉。如在没有凿子掉换的情况下，应把毛头敲掉后才能使用。敲榔头与夹钳者不得面对面，应成垂直角度，严禁一手单敲或左右乱挥，严禁使用三把榔头一把凿子的作业方法，避免配合不好造成事故。搬运旧沥青块时应注意裂缝，大块沥青应敲小后再搬，防止断裂落下打伤脚。铁钎入土深度不得超过0.3m，防止碰坏地下管线。空压机、榔头机应有专人管理，经常检查，不得带病使用，并要注意安全。空压机枪头螺栓应旋紧，防止皮管脱落伤人。榔头机应放平稳，不得将其他工具搁放在榔头机上，以防震动落下、弹起伤人。高压泵与千斤顶联运作用时，必须经常观察压力表指针读数，严禁压力超过允许限值。各种机具仪器必须由具有操作资格的人员操作，操作时应集中思想，认真负责。顶伸和退镐的油门应严格区分，以免发生事故。钢板桩、铁撑柱、撑板等设备保持完好，每天操作前检查铁撑柱是否松动。卸管子、工具、升降土斗时必须垂直，转向要控制慢速，坑内操作人员不许在吊钩下站立。卸下物件，在离地 0.5m 以下时才许操作人员扶物就位。起吊物件要有专人指挥。

二、内燃打夯

操作人员必须了解内燃打夯的性能、原理及操作方法，并经常进行检修保养。操作人员不得离开机器，防止他人触动；必须离开时应关闭油门，拔掉电线插头，操作时不得将头和胸部伸出内燃夯的上方，防止跳起击伤，操作时用力把正，不得在斜坡、坚硬场地、软硬过分不匀、高低过分不平的地方进行夯实。操作人员必须集中思想，扶住机柄，两人操作要互相配合好，要注意行夯路线，前后照料。

三、混凝土路面

混凝土浇捣后，在行人出入地段需放跳板，以便行人通过，跳板宽度不宜小于 0.6m，并设置稳妥安全。在浇捣现场行走时，要避免被钢筋绊倒及挫伤手脚。过路电线应增金属或塑料套管。移动各种电气设备需戴绝缘手套，移动时应切断电源。使用电动的振动机振捣混凝土时，必须在使用前对机况及电线绝缘层加强检查，以防漏电。使用插入式、平板震动机应戴平光防护镜。

四、沥青路面施工

沥青作业人员必须体检合格。凡患有结膜炎、皮肤病及对沥青过敏反应的，均不得从事沥青作业。施工现场必须设置警示区域，晚上施工应设置警示灯。从事沥青作业人员皮肤外露部分均需涂防护油膏；工地现场应配有医务人员。沥青摊铺作业时操作人员必须穿戴长袖工作服、工作鞋、口罩、手套等个人防护用品。不准穿背心、短裤、凉鞋操作。沥青作业人员的工作服及个人防护用品，应集中存放，严禁穿戴回家或进入集体宿舍。使用锹时，前后、左右作业人员应保持一定的安全距离，以免误伤他人。机械摊铺作业前，必须认真检查摊铺机械的完好性。驾驶台及作业现场要视野开阔，清除一切有碍工作的障碍物；作业时无关人员不得逗留驾驶台；驾驶员不得擅离岗位。运料车向摊铺机卸料时，应协调动作，同步进行，防止互撞。摊铺机换挡必须在摊铺机完全停止时进行，严禁强行挂挡和在坡道上换挡或空挡滑行。驾驶摊铺机必须平稳，不得急剧转向。弯道作业时，烫平装置的端头与路缘石的间距不得小于 0.1m，以免发生碰撞。

第三章 管道工程

施工前必须申请掘路执照、道路施工许可证等许可手续和相关管线保护手续。详细了解地下管线平面图及管线类型、位置、深度、走向、规格等管线情况，编制施工组织设计和相应的管线保护方案；施工前向业作人员进行安全技术和管线保护书面交底。施工现场必须设置安全隔离设施，晚上或迷雾天要点红灯。堆放材料要离开消防龙头3m以上，不要盖没进水口，不要紧靠墙面。施工机具车辆在路上行驶、停放、应遵守交通规则。各种机械设备、临时建筑物与架空电线要保持安全距离，一般电线不小于1m，其他按供电局规定规定。

第一节 施 工 作 业

一、沟槽开挖

在地下埋有电缆、高压水管及煤气管的地区，挖掘基坑或沟槽必须开挖样洞或样槽，深度不得少于1m。如样洞深度已达1m还未发现管线时，必须与有关单位及时联系，探明情况后，才能动工。施工时发现事先没有掌握的地下管线应立即停止工作，并报告施工负责人，联系有关单位派人处理后方可继续施工。如发现辨别不清的物品，应立即报告上级主管部门和有关部门处理，不得任意敲击和玩弄。开挖沟槽，如要拆除、搬移测量导线木桩、水准基点等标志时，应联系测绘处来处理后方能进行。搬移树木应与园林局绿化部门联系。工面对面翻挖，必须保持3m以上的间距。开挖沟槽，在接近原有旧沟管或靠近地下煤气管线时，工作人员不准吸烟，擦火柴等明火接近。各种管线在未吊牢时，不得在管线下挖土，以防管线下沉折断压伤。人工挖土深度超过1.2m机械挖土深度超过2m时必须开始撑板，如土质松软应及时撑板，有裂缝等现象出现要注意加撑板，防止坍方压伤人。撑板撑柱损坏、弯曲不能使用。沿沟槽或基坑边缘堆放土方，距沟边不少于0.8m，高度不超过1.5m。

二、支撑装卸

支撑装卸作业时，沟槽的支撑必须随挖土的深度面逐步进行，不可全部挖好后再加支撑，以防坍方。在沟槽进行操作时，不得将工具或等物料自地面摔至沟槽基坑内，必须用绳索吊卸。铁撑柱要撑紧，两头高低要平，撑脚要用铅丝扎牢。撑柱螺牙应经常加油。装、卸铁撑柱时，应用绳子扎牢吊好后再装上或卸下。装、卸下一道柱时，应将上几道撑柱绞紧，防止撑柱落下伤人。铁撑柱如有弯曲，必须绞直后方可使用。基坑顶头板四角要用剪刀撑或八字撑加固。

三、埋管

开挖前应对地质、水文和地下管线做好必要的调查和勘察工作，并针对不同的具体情况拟定安全技术措施。凡超过 5 米以上深的沟槽施工，必须编制专项的安全技术方案，并报送所在城市工程安全质量监督站备案；超过 7m 深的沟槽，编制专项安全技术方案，应通过上海市建设和交通委员会科学技术委员会组织的专家评审，并报安监站备案。

施工中应严格按专项安全技术方案实施。工程所需管材、砖、砂等均应堆放整齐，距沟边 2m 以外，土质较好，现场狭窄时，堆放位置至少也应距边 0.8m 以上，以免造成沟槽塌方。沟槽两侧和交通道口应设置隔离栏和明显的安全标志，晚间还应架设红灯示警。沟槽距房屋或电杆等较近时，应预先对其进行加固以免发生倒塌事故。开挖前，施工管理人员必须向司机或班组长进行详细交底，交底内容一般包括挖槽断面、堆土位置、地下设施情况、作业环境或岗位危险源及施工的安全技术要求等以保证施工安全。沟边一侧或两侧堆土，均应距沟边 1m 外（遇软土地区堆土距沟边不得小于 2m），其高度不得超过 1.5m，堆土顶部要向外侧作流水坡度，还应考虑留出现场便道，以利施工和安全。堆土不得埋压构筑物和设施，如给水闸门井、邮筒、消火栓、路边明渠、进水井、雨、污检查井、居民排水道及农灌渠道等，如必须堆土时应采取相应的措施。堆土不得靠近变压器、民房和古老建筑物等，以免受力造成变压器和建筑物倾倒而影响施工安全。

机械开挖应严格控制中线和边坡，以免造成挖偏和超挖等，从而影响沟槽的直顺和沟壁的稳定性。机械挖土应遵守各项安全操作规范，挖土时必须严格遵守安全技术操作规范。挖土前，应发出信号，在挖土机臂杆回旋半径范围内不得进行其他工作或站人。在有地下设施地段挖土时，必须专人指挥，向司机指明地下设施的种类、位置、走向、高程以及危害程度等，并作出明显的标志，以防发生管线事故。在有支撑的沟槽内，使用机具设备挖土时必须注意不得碰撞支撑，槽内施工人员未离开挖土机臂杆回旋半径范围内，机械操作人员不得从事挖土作业。机械挖土时，跟机修坡清底，操作人员应距铲斗保持一定安全距离，必要时先停机后操作，同时规定还应及时采取支撑和沟边翻土工作以减轻沟壁压力，以利于沟壁稳定。车辆配合外运时，在机械装土时，任何人不得在车边停留以保证装土安全。槽内作业人员必须戴安全帽，施工现场严禁穿拖鞋或赤脚，工间严禁在槽内休息，上下沟槽必须设置立梯，立梯应坚固，不得缺挡，严禁攀爬支撑。挖土时必须从上而下分层开挖，禁止采用挖空底脚的操作方法，并做好排水防水等安全措施，如遇两槽相交处和拐角处，必须将阳角挖成钝角或圆角以确保安全施工。支撑要有足够的刚度和强度，当沟槽开挖深度 2m 时应及时支撑，支撑点用木板寸垫，防止滑移，支撑两端必须牢固或铅丝绑扎固定。跨越沟槽脚踏跳板，其宽度 0.6m 以上，两端用铅丝绑扎固定，应有防滑措施，沟槽上下材料不得扔抛，必须传递。卸管时应专人指挥，严禁作业人员站立吊机回转半径范围内和吊物下。就位时要作业人员听从指挥，严禁盲目蛮干。回填土拆除支撑应根据土质情况，由上而下逐级拆除支撑围图回填至设计标高。

第二节 其他施工作业

一、基础工程

卸基础材料时，不要碰撑木、撑柱，卸料前要招呼沟槽内操作人员让开，如有工具等物亦应拿开。卸大石块或混凝土时必须使用滑槽，不得从地面直接倒入沟内。劳动车、翻斗车在沟槽内卸料时，沟槽边缘要装栏板，防止沟槽边缘潮湿打滑而翻车坠落伤人。在沟内摊铺、找平、夯实时，要注意操作，勿被横撑碰伤头、手等。模板拆卸后，应先起钉，或将钉敲弯，然后用绳子吊上地面，堆放在一起整理。

二、吊运沟管及排管

一般管子堆置高度超过 0.5m 时，两侧管底垫牢，以防滚动伤人。滚动管子要准备垫头，以备随时垫塞。滚动大型管子要有专人执红旗指挥，注意左右人员及周围障碍物。管子滚动到沟槽脚手板时，顶头要用板垫塞，防止滑下伤人。卸管架要详细检查，缆风绳必须牢固，放溜绳要缓慢，以防冲击倒架。吊管子的绳子(或钢丝绳)要牢固扣紧，并用麻袋或其他软物垫包管子边口，以防磨断绳子(或钢丝绳)。在吊放管子前，要招呼下面让开。在管子离地 0.5m 以下时，才许有人扶手就位，吊放管子时不要碰撞周围的撑板与撑柱。在沟槽内滚动管子时要防止压伤脚和被撑板、沟壁擦伤手。在沟槽内进行排管及校正高低时，不可将手放在管子边口。

三、打板桩

工作前详细检查卷扬机的制动器。桩锤、钢丝绳、卸扣、夹头、葫芦等零部件是否良好，润滑之处是否已加油。桩架要放平摆稳，缆风绳要拉匀，桩架下跑道要垫平稳固，以防桩架晃动。吊桩时要用溜绳，操作时要有专人指挥，工作人员要集中思想、互相配合。移动桩架时要注意架空电线，并按供电部门规定保持安全距离，移动时桩锤要搁在底层，并听从专人指挥，统一行动。移动桩架时缆风绳不能全部松开，一定要按绳子的松紧程度慢慢放、收缆风绳要系在固定牢靠之处，留有余绳不少于 5m，缆风绳角度一般 30°～45°，并注意避开车道。卷扬机的位置，要放在能看到打桩场地全面的地方，卷扬机的锚桩或地陇，必须要有足够拉力，避免在受力时造成卷扬机移位事故。卷扬机操作人员要听从专人指挥，并在机旁操作开关，在听到桩锤敲击声后才能起吊。打桩架须跨越沟槽进行打桩时，必须垫上钢板桩或方木大梁，木板不能作跨越脚手架，以防压断。用电动打桩时，电线要架空，操作人员离开时要切断电源。用联合制动开关打桩，要注意排档，不要吊桩与打桩制动混合，以免错吊出事故。打桩时如遇坚硬物，桩入土不易，要注意装锤跳高而碰到顶架发生危险。用人字把杆或拔桩架拔桩时，抱杆上部须绑紧，下部要固定好，两头缆风绳要扎在可靠桩基上。拔钢板不能同时起拔两块。

四、冲拔井管

冲拔井管前必须落实组织，明确分工，指定专人指挥，并有明显指挥标志。操作人员必须戴好安全帽。操作前应详细检查所有设备是否正常。负责电源人员必须熟悉安全用电知识，操作完毕后应关闭电源，锁上开关箱。冲打井管前要摸清地下管线的情况。井架高度与起拔管子要注意架空电线，并与其保持安全距离。冲枪与皮管接头必须绑扎牢固，防止因接头脱落伤人。冲枪打下土后，如碰到妨碍物，不要突然提升，查明原因后慢慢提升。放井管时要有溜绳，防止井管落下伤人。吊放井管，如井管长度超过吊杆，需分两次起吊时，其吊点选择必须在井管重心上，防止晃动伤人。

第四章 桥 梁 工 程

第一节 下 部 结 构

一、水上打桩作业

(一) 施工前准备

必须配备相应的防高处坠落、防淹溺、临边防护、防船只撞击脚手架及水上施工机械、航道安全警示、航道交通安全标志等安全防护设施和相应的救生用品及个人防护用品。按航道交通安全要求在水上作业区设置相关安全标识。及时到有关部门办妥水上施工的相关手续。进行安全策划,编制与工程相适应的施工组织设计和针对性的安全技术措施并经审批合格。配备经行业培训合格持有效上岗证的专职安全管理人员、桩机驾驶员、起重指挥和打桩操作工等特种作业人员。选用与施工组织设计相符合的脚手架桩机(以 0.6t 导轨式柴油桩锤安装在施工木排上作业为例)、打入桩机及其他起重机械。所有桩工机械必须验收合格方可进场使用。进行安全教育和各层次安全技术交底及安全操作规程的交底。掌握各种管线、过河电缆及水文、地质等情况并进行逐级书面安全交底。实行每一墩台的开打令制度。

(二) 排架脚手(桐木)桩施工

脚手桩的规格尺寸、入土深度必须符合施工组织设计的要求,满足桩机自重、其他施工荷载及打桩所产生的震动引起的附加荷载;严禁使用腐朽、断裂的脚手桩。脚手桩的分布位置必须严格按施工组织设计要求布置。脚手桩施工作业所用的木排及附属设施必须符合施工组织设计的要求,木排的四周必须设立规范的临边防护,四角的缆绳应可靠固定,并按航道安全规定的要求设置安全警示标志,经验收合格后方可投入使用;木排严禁超载。水中作业的电气设备、设施必须满足规范 JGJ 46—2005 的要求。所有作业人员必须穿上救生衣,正确使用劳防用品;严禁在打好的脚手桩上行走。脚手桩施工前,施工作业木排必须按脚手桩的分布位置用缆绳可靠定位,施工木排移位时,应设统一的指挥,缆绳的松与紧必须严格保持步调一致。在脚手桩吊桩时,应确认该桩必须与木排脱离,起吊前生好溜绳,严禁脚手桩撞击桩机,严禁同时起吊多根脚手桩或脚手桩在作业木排底下起吊。脚手桩吊桩就位时,作业人员严禁将身体进入桩机的龙门内,关龙门的木撬棒上应设保险绳,操作者必须手持木撬棒尾端(使木撬棒受力弹起后不伤及身体的地方);当桩贯入度发生剧变、桩身突然倾斜、移位等意外时,必须立即停止打桩。停止作业前,桩锤必须放在桩机的底部并上好保险;施工木排应停放在不影响航道通航的安全位置,并考虑潮位变化合理固定缆绳;安排专人值班并控制晚间警示装置。当波浪超过二级波浪峰高0.25~0.5m 或流速超过 1.5m/s,风力大于 5 级时均不宜打桩。

（三）脚手桩排架

排架脚手桩施工完毕，在按施工组织设计要求进行脚手桩顶标高统一、脚手桩排架纵横向水平支撑、剪刀撑、斜撑等施工时，应采用符合施工组织设计要求的设有限载标志的木排或船只，具体安全防护要求及安全标识参照相关规定执行。航道上外排脚手桩及端部脚手桩处应及时设置醒目的安全标识和警示灯，端部脚手桩外侧应按施组要求，设置保护桩并设安全警示。水平撑、剪刀撑、斜撑：应按施组要求选用木材或角铁，禁止使用腐朽、断裂的木材或私自变更规格的材料，选用角铁材料时，应采用U型螺栓夹紧连接；选用木材时，应采用对橇螺栓与脚手木桩可靠连接。排架与排架之间必须设置斜撑，斜撑的方向必须交错或采用剪刀撑以增加排架的稳定性。盖方一旦就位，必须立即用蚂蟥钉多点临时合理固定。铺设的搁栅，必须保证搁栅接长后的接头在盖方上，相邻两行搁栅的接头必须错开。采用起重机配合盖方、搁栅就位的，必须设起重指挥；作业人员、工作木排严禁在起重机作业半径内。

（四）在排架上打桩施工

桩机组装，桩机不能直接设立在脚手桩排架的搁栅上，应设立在符合施工组织设计要求的路基箱板或托板上，托板滚筒下应垫铺3寸×6寸木板。路基箱板的铺设必须符合施工组织设计要求。履带式和轨道式桩机在组装时，应采用吊机配合，底盘组装完毕必须锁住履带或轨钳夹紧固定。起扳桩机时，必须设置溜绳。当桩机龙门起扳到75°时必须适度控制溜绳的松紧，待后支撑导杆安装完毕，方可松溜绳。安装时，桩锤等构件应运送到龙门正前方2m以内。起吊桩锤等桩机大型构件时，严禁拖吊和碰撞脚手架。安装桩锤时禁止碰撞桩架。桩锤安装完毕，必须置于桩机底部可靠固定。桩机必须设置可靠的避雷装置。

打桩施工，吊桩前应将桩锤提升到一定的位置牢靠固定，严防桩锤在吊桩时坠落。桩的吊点必须按规定设置，吊桩时必须采用辅助起重机喂桩，速度保持均匀，使桩身平稳，必要时设置桩架缆风绳。起吊时桩身上不得有附着物、桩下不得有人。吊桩、运桩不得同时进行。插桩时作业人员身体的任何部位不得进入桩与龙门之间，用撬棒校正桩身时，用力不能过猛。插桩后，桩入土3m及以上时，严禁用桩机行走或回转的动作来纠正桩的倾斜度。桩帽、送桩的规格必须符合施工组织设计要求，与桩架、桩锤、桩型相匹配。锤击不能偏心，开打时落距要小。在遇贯入度突然增大、桩身突然倾斜、位移、桩头严重损坏、桩身断裂、桩锤严重回弹等异常轻快，必须立即停止锤击，经采取措施后方可继续作业。严禁吊桩、吊锤、回转、行走等动作同时进行。打桩机在吊有桩和锤的情况下，操作人员不得离开岗位；桩机行走时，桩锤应放至最低位置，斜坡上禁止回转。打桩作业区内应无高压电线路。作业区应有明显的围栏和安全标志，非作业人员禁止入内。桩锤施打时，操作人员必须在距桩锤中心5m以外监视。硫黄胶泥的熬制必须穿戴好相应的防护用品。工作棚应通风良好，配备防火设施；容器不准用焊锡焊接。胶泥浇注后，上节桩应缓慢放下，防止胶泥飞溅。在套送桩时，应使桩锤、送桩、桩三者中心在同一轴线上。拔送桩的钢丝绳等索具必须符合施工组织设计要求，并经常进行检查；拔送桩时，必须缓慢加力，随时关注桩架、钢丝绳的受力变化情况；拔桩时，发现桩机明显减速等异常情况，必须立即停止起拔。送桩拔出后遗留的洞孔必须及时回填或加盖板。打桩结束后，必须将桩锤放至最低面牢靠搁置或按使用说明书要求与桩机用销子连结。关闭用电设备的电源。水上打桩的作业面，应设置临边防护，作业面应满铺，洞采取防护措施。若遇六级以上大风、大雪等恶劣气候，应停止作业，并将桩机可靠固定，必要时应放倒桩机或对桩机施加缆风绳。

二、陆上打桩作业

（一）施工前准备

必须配备相应安全防护设施：防高处坠落设施、临边作业防护设施、安全警示设施、地基处理设施、地下管线保护等设施。配备经行业培训合格持有效上岗证的专职安全管理人员、桩机驾驶员、焊工、电工、起重挂钩指挥和打桩操作工等特种作业人员。根据工程实际情况，编制与工程相适应的施工组织设计和针对性的安全技术措施并经审批合格。选用与施工组织设计相符合的桩机及其他起重机械。桩机等大型起重机械必须持有专业检测机构颁发的检验报告书及安全使用证，所有桩工机械必须经进场验收合格方可使用。进行安全教育、安全技术和安全操作规程的交底；实行开打令签发控制，在每一墩台开打前实施。掌握各种管线、架空线路及水文、地质等情况并进行逐级书面安全交底。涉及交通要道的施工作业，必须及时办理有关手续，在征得交通部门同意的情况下，按交通方案实施。严禁私自占道施工。打入桩施工前，必须进行作业面地基加固，满足施工组织设计及桩架规定的技术要求，遇六级及以上大风，应停止作业，必要时将把杆放倒。打入桩施工作业必须将作业面进行有效隔离。桩头应在摸清地下管线、不影响交通的情况下选址堆放，确保不损坏地下管线、不影响交通。严禁擅自占有道路。建立危险品存放库，起重机械使用的油类、乙炔氧气瓶应规范入库，严禁随意存放。

（二）桩机组装

桩机应设立在符合施工组织设计要求的路基箱板或托板上，托板滚筒下应垫铺3寸×6寸木板。路基箱板的铺设必须符合施工组织设计要求。履带式和轨道式桩机在组装时，应采用吊机配合，底盘组装完毕必须锁住履带或用轨钳夹紧固定。起扳桩机时，必须设置溜绳。当桩机龙门起扳到75°时必须适度控制溜绳的松紧，待后支撑导杆安装完毕，方可松溜绳。安装时，桩锤等构件应运送到龙门正前方2m以内。起吊桩锤等桩机大型构件时，严禁拖吊和碰撞脚手架。安装桩锤时禁止碰撞桩架。桩锤安装完毕，必须置于桩机底部可靠固定。桩机必须设置可靠的避雷装置。

（三）打入桩施工

打入桩施工作业施工，吊桩前应将桩锤提升到一定的位置牢靠固定，严防桩锤在吊桩时坠落桩的吊点必须按规定设置，吊桩时必须采用辅助起重机喂桩，速度保持均匀，使桩身平稳，必要时设置桩架缆风绳。起吊时桩身上不得有附着物，桩下不得有人。打入桩作业必须实行统一指挥、统一指令，严禁多人指挥；吊桩、运桩不得同时进行。严禁吊桩、吊锤、回转、行走等动作同时进行。插桩时身体的任何部位不得进入桩与龙门之间，用撬棒校正桩身时，用力不能过猛。插桩后，桩入土3m及以上时，严禁用桩机行走或回转的动作来纠正桩的倾斜度。桩帽、送桩的规格必须符合施工组织设计要求，与桩架、桩锤、桩型相匹配。锤击不能偏心，开打时落距要小。在遇贯入度突然增大、桩身突然倾斜、位移、桩头严重损坏、桩身断裂、桩锤严重回弹等异常情况，必须立即停止锤击，经采取措施后方可继续作业。打桩机在吊有桩和锤的情况下，操作人员不得离开岗位；桩机行走时，桩锤应放至最低位置，斜坡上禁止回转。打桩作业区内应无高压电线路。作业区应有明显的围栏和安全标志，非作业人员禁止入内。桩锤启动前，应使桩锤、桩帽和桩处于同一轴线上；设专人控制曲臂上的油门绳，在意外情况下可紧急停锤；桩锤施打时，操作人员必须在距桩锤中心5m以外监视。硫黄胶泥的熬制必须穿戴好相应的防护用品。工作棚应通风良好，配备防火设施；容器不准用焊锡焊接。胶泥浇注后，上节桩应缓慢放下，防止胶泥飞溅。在套送桩时，应使桩锤、送桩、桩三者中心在同一轴线上。拔送桩的钢丝绳等索具必须符合施工组织设计要求，并经常进行检查；拔送桩时，必须缓慢加力，随时关注桩架、钢丝绳的受力变化情况；拔桩时，发现桩机明显减速等异常情况，必须立即停止起拔。送桩拔出后遗留的洞孔必须及时回填或加盖板。打桩结束后，必须将桩锤放至底部牢靠搁置或按使用说明书要求与桩机用销子连结。关闭用电设备的电源。涉及交通道的施工，除及时做好确保交通安全的措施外，还应及时保洁路面。若遇六级以上大风、大雪等恶劣气候，应停止作业，并将桩机可靠固定，必要时应放倒桩机或对桩机施加缆风绳。

三、钻孔灌注桩施工

钻孔灌注桩是一项工序较多，技术要求较高，参与机种较多，工作量大且需在一个短时期内连续完成的地下隐蔽工程施工，因此要十分注意施工各环节的安全。

钻孔桩施工中，有成孔设备、钢筋笼制作设备、电焊设备、起重设备、混凝土搅拌设备、物料运输机等，还有泥浆沉淀池等设施；因此在施工组织设计编制中必须按有关标准规范的要求明确施工顺序、机具设备的位置、制浆池、沉淀池出渣路线、场内运输路线以及供电、供水路线，确保安全施工。钻孔灌注桩施工应遵守下列安全技术规定：

(1) 在钻孔桩施工中，施工顺序、机具位置，泥浆池及沉淀池出渣路线、操作人员位置，场内运输，供水供电线路等，都必须严格按施工组织设计进行。

(2) 施工作业区应设置明显的标志且与非作业区严格隔离，严禁非作业人员进入施工现场。

(3) 陆上钻孔桩施工一律按上海市文明施工的标准要求采用硬地坪施工法，即钻机应置于地基处理坚实平整地混凝土地面上，确保钻机运转时平稳。

(4) 钻孔桩机在陡坡或水上作业时，必须按施工组织设计要求设置坚固稳定的工作平台，并经验收合格(水上作业的具体安全要求参照水上打桩施工)。

(5) 护筒埋设应严格按桩位中心轴线和垂直位置进行，埋设深度必须确保成孔过程中不发生筒边反水造成坍孔事故。若桩孔附近有管线时，宜将护筒的埋入深度超过管线深度。确保管线在钻孔桩成孔过程中的安全，埋设后的护筒上应加盖。

(6) 钻孔就位，机架不能靠在护筒上，以免机械振动引起护筒漏水导致坍孔，造成事故。

(7) 机械操作人员在施工操作中要思想集中，不准随便离开岗位，要注意机械运转情况，发现异常及时纠正或停机，做到严格服从指挥信号，持证谨慎操作。

(8) 冲抓钻或冲击钻操作时，不准任何人进入落钻区，以防砸伤。

(9) 回转切削成孔机械，在装、拆钻杆时必须注意与吊、放操作工人之间的配合，以防伤人。在钻进过程中，若发生钻机突发卡钻震动迹象时，必须立即停机，排除孔内故障。

(10) 桩孔成型后,应尽快灌注混凝土,若因故不能灌注混凝土时,应在护筒上加盖,以免掉土和发生人员坠落事故。

(11) 钢筋笼子的吊点必须焊接牢固,起吊时必须设专人指挥,不准斜吊或横向拖拉,确保钢筋笼子垂直于钻孔。

(12) 除全套管钻孔施工法外,其他几种成孔方法,应注意孔内水位稳定;水位上下波动大将诱发坍孔;在潮汐地区或在河道中钻孔是必须有专人随时观测记录水位变化情况,及时相应调整护筒内的水位。

(13) 坍孔最容易造成灌注桩安全事故,严重时将危及操作人员的自身安全及周边管线或建筑物的安全。因此必须采取切实措施,严格执行操作规程,每跟桩开钻起至混凝土浇筑完成必须连续作业,禁止中间停顿。

(14) 钻孔桩施工的电气线路及设施,必须符合规范JGJ 46—2005的要求,设备的电源线必须是整根导线,且不得有破皮、接头;钻孔桩机的控制电箱,严禁外接任何用电设备。

(15) 夜间施工,应配置足够的照明,照明灯高度≥3m,其金属外壳必须有可靠保护接地(零)。

四、静力压桩施工

压桩机的工作场地必须平整,地基按施工组织设计要求进行处理,地面应达到35kPa的平均地基承载力。安装时,应控制好两个纵向行走机构的安装间距,使底盘平台能正确对位。在接通电源前,应仔细核查校对电气线路的连接是否正确,绝缘性能是否良好,是否对用电设备实行了三级配电两级保护,保护接地(零)是否可靠,电源电压是否保持在额定电压范围内。各液压管路在连接时,不得将管路强行弯曲,安装过程中,应防止液压油过多流损。安装配重前,应对各紧固件进行检查,在紧固件未紧固前,不得进行配重安装。安装完毕后,应对整机进行试运转,对吊桩用的起重机,应进行满载试吊。

作业前,应检查并确认以下项目:

(1) 各传动机构、齿轮箱、防护罩等的良好,各部件连接牢固;

(2) 起重机的起升、变幅机构的正常,吊具、钢丝绳、制动器等的良好;

(3) 电缆表面无损伤、保护接地电阻符合规定、旋转方向正确;

(4) 润滑油、液压油的油位符合规定,液压系统无泄漏,液压缸动作灵活;

(5) 冬季应清除机上积雪,工作平台应有临边防护和防滑措施。

压桩作业时,应有统一的指挥,压桩和吊装的人员应密切联系,相互配合。当压桩电动机未进入正常运行前,不得进行压桩。起重机吊桩进入夹持机构进行插桩或接桩作业中,应确认在压桩开始前吊钩已安全脱离桩体。接桩时,上一节应提升350～400mm,此时不得松开夹持板。压桩时,应按桩机技术性能表作业,不得超载运行。操作时动作不宜过猛,避免冲击。顶升压桩机时,四个顶升缸应两个一组交替动作,每次行程不得超过100mm。当单个顶升缸动作时,行程不超过50mm。压桩时,非工作人员应离机10m以外,起重机的起重臂下,严禁有人。压桩过程中,应保持桩的垂直度,如遇地下障碍物使桩身倾斜时,不得采用压桩机行走的方法强行纠正,应先将桩拔起,待地下障碍物清除后,重新插桩。当桩在压入过程中,夹持机构与桩侧发生打滑时,不得任意提高液压缸的压力，强行操作，应找出打滑原因，排除故障后方可继续进行。当桩的贯入阻力太大，使桩不能压至标高时，不得任意增加配重，应保护液压元件和构件不受损坏。当桩顶不能压到设计标高时，应将桩顶部分凿去，不得用桩机行走的方式，将桩强行推断。当压桩引起周围土体隆起影响桩机行走时，应将桩机前进方向的土铲平，不得强行通过。压桩机行走时，长、短船形轨道水平坡度不得大于5°，纵向行走时，不得单项操作一个手柄，应二个手柄一起操作。压桩机在顶升过程中，船形轨道不得压在已入土的单一桩顶上。桩机上装设的起重机、卷扬机的操作使用，应遵守相应的安全操作规程。作业完毕，应将短船运行至中间位置，停放在平整的地面上，其余液压缸应全部回程缩进。起重机的吊钩应升至最上部，并应使各部制动生效，最后应将外露活塞杆擦拭干净。在作业后，应将控制器放在"零位"，依次切断各部电源锁闭门窗；冬季应放尽各部积水。转移工地时，应按规定程序拆卸，用汽车运输。所有油管的接头处必须用闷头螺栓封闭，不得让尘土进入；液压软管不得强行弯曲。

五、强夯机械施工

强夯作业的施工区域，必须有禁止非作业人员进入的隔离措施和标识。担任强夯作业的主机，应按照强夯等级的要求经过计算选用；若采用履带式起重机作主机的，还应遵守履带式起重机的安全操作规程，地基处理满足施工组织设计要求。夯机的作业场地应进行平整，门架底座与夯机的着地部分应保持水平，当下沉超过100mm时，应重新垫高。强夯机械的门架、横梁、脱扣器等主要结构和部件的材料及制作质量，应经过严格检查，对不符合设计要求的，不得使用。夯机在工作状态时，起重臂的仰角应置于70°。梯形门架的支腿不得前后错位，门架支腿在未支稳垫实前，不得提锤。交换夯位时，应重新检查门架支腿，确认稳固可靠，然后再将锤提升100～300mm，检查整机的稳定性，确认可靠后，方可作业。夯锤下落后，在吊钩尚未降至夯锤吊环附近前，操作人员不得下坑挂钩。从坑中提锤时，严禁挂钩人员在锤上随锤提升。当夯锤留有相应的通气孔在作业中出现堵塞现象时，应随时清理，但严禁在锤下清理。当夯点内有积水或因黏土产生的锤底吸附力增大时，应采取措施排除，不得强行提锤。转移夯点时，夯锤应有辅机协助转移，门架随夯机转移前，支腿离地面高度不得超过500mm。作业后，应将夯锤下降，放实在地面上。非作业时严禁将锤悬挂在空中。

六、振动锤打桩与拔桩

作业区域应设有效的隔离和标识，禁止非作业人员入内。管线保护措施或其他安全措施未落实，禁止打桩。振动锤打桩与拔桩一般采用履带式起重机配合进行，不同型号等级的振动锤，所配用的起重机应经过计算确认选配；履带式起重机的工作地基和具体操作应符合履带式起重机安全操作规程要求。振动桩锤一般均为电动式，负荷容量较大，因此作业场地距离电源或电力主干线应控制在200m以内。电源、导线的容量和截面应符合厂方说明书的规定，额定电压应控制在−5%～+10%之间。液压箱、电气控制箱应设置在安全平整的地方，并设防雨棚。电气箱和电动机必须安装保护接地（零）设施。

使用前，应对电动机等电气部分进行绝缘测试，绝缘电阻不得小于0.5MΩ。电缆外皮的橡胶层应完好无损，并在使用前进行通电试验确认。应检查确认电气控制箱内各部件完好，接触无松动，接触器触点无烧毛现象。作业前，应检查振动锤减震器与连接螺栓的紧固性，不得在螺栓松动或缺件的状态下启动。应检查并确认振动箱内润滑油位应在规定范围内，用手盘转胶带轮时，振动箱内不得有任何异响。应检查各传动胶带的松紧度，过松或过紧时，应进行调整，传动胶带的防护罩应安装牢固无破损。夹持器与振动器连接处的螺栓不得松动。液压缸根部的接头防护罩应齐全。应检查夹持片的齿形，当齿形磨损超过 4mm 时，应更换。

使用前，应在夹持片中间放一块 10～15mm 的铁块进行试夹，试夹过程中液压缸应无渗油，系统压力应正常，不得在夹持片中间不放试夹铁块试夹。悬挂振动锤的起重机，其吊钩上必须有防松脱的保护装置，振动锤悬挂钢架的耳环上应加装保险钢丝绳。启动振动锤时应监视启动电流和电压，一次启动时间不超过 10s，当启动困难时，应查明原因，排除故障后，方可继续启动。启动后，应待电流降至正常值时，方可转到运转位置。振动锤启动运转后，应待振幅达到规定值时，方可进行作业。若振幅正常时仍不能拔桩时，应改用功率较大的振动锤。拔钢板桩时，应按沉入顺序的相反方向起拔。夹持器在夹持板桩时，应靠近相邻桩的一面；对于工字桩，应夹紧其腹板的中央。如工字桩和钢板桩的端部有钻孔时，应将钻孔焊平或将钻孔以上割掉，亦可在钻孔处焊接加强钢板，应严防拔断钢板桩。夹桩时，不得在夹持器和桩的头部之间留有空隙，并应待压力表显示压力达到额定值时，方可指挥起重机起拔。拔桩时，当桩身埋入部分被拔起 1～1.5m 时，应停止振动，拴好吊桩用钢丝绳，再起振拔桩；当桩尖在地下只有 1～2m 时，应停止振动，有起重机直接拔桩。待桩完全被拔出后，在吊装钢丝绳未吊紧前，不得松开夹持器。沉桩前，应以桩的前端定位，调整规定的垂直度，不应使倾斜超过 2°。沉桩时吊桩的钢丝绳应紧跟桩的下沉速度而方放松。在桩入土 3m 之前，可利用导杆前后移动来校正桩的垂直度在桩入土超过 3m 时，不得再进行校正。沉桩过程中，当电流表指数急剧上升时，应降低沉桩速度，使电动机不超载。作业中，当遇液压软管破损、液压操纵箱失灵或停电（含突然断电）时。应立即停机，并采取安全措施不让桩从夹持器中脱落；禁止作业人员攀登把杆进行作业。作业时，应保证振动锤与减震装置各摩擦部位具有良好的润滑。作业后，应将振动桩锤放至最低处，并采用木方垫实；逐级切断电源。六级以上大风，应停止作业，必要时，将起重机的把杆放倒。

七、大直径挖孔桩施工

（一）挖孔方法

大直径挖孔桩一般用作桥墩下的桩基；高层建筑物的地基；施工周围遇有建筑物时，作为挡土支撑等。由于其施工时，具有对周围建筑物无影响、桩本身质量可靠、造价较低等优点，目前在国内得到广泛的使用。挖孔施工作业时必须严格按施工组织设计的步骤和要求进行挖孔桩施工。采用人工从上到下逐层用镐、锹进行挖土。挖土的顺序是：先挖中间，后挖周边，并按设计桩径加 2 倍扩壁厚度控制截面，尺寸的允许误差不超过 30mm。扩底部分应先挖桩身圆柱体，再按扩底尺寸从上到下削土修成扩底型。孔口安装支架、工字轨道、电动葫芦或三脚架，配备 10～20kN 慢速卷扬机夯土装入活底吊桶或箩筐垂直运出。若桩孔较浅时，也可用木吊架或木辘轳借粗麻绳提升。土吊至地面上后，用手推车运出。同时应在孔设施屏移动式活动安全盖板。当土吊桶提升至离地面约 1.8m 时，将活动盖板关闭空口；在吊桶中的土卸于车中推走后再拉开活动盖板下桶吊土。严防土块、操作人员吊入孔内；采用电动葫芦提升吊桶时，桩孔四周应设安全栏杆。直径大于1.2m以上的桩孔开挖，应设护壁，挖一节浇一节混凝土护壁，以保孔壁稳定和操作安全。对直径较小不设护壁的桩孔，应采用钢筋笼护壁，随挖随下，并用6mm钢筋按桩孔直径做成圆形钢筋圈，随桩挖空随将钢筋圈以间距100mm一道固定在孔壁上，并用1∶2快硬早强水泥砂浆抹孔壁，厚度约30mm，形成钢筋网护壁，以确保人身安全。孔内严禁放炮，以防震塌土壁造成事故。人员上下严禁利用吊桶，应采用安全绳梯。随时加强对土壁涌水的观察，发现异常情况，应及时采取处理措施，对于地下水，必须随时用吊桶将泥水排出。若遇大量渗水，可在一侧挖集水坑，并用高扬程水泵排出桩孔外。挖土时将吊桶的钢丝绳中心与桩孔的中心一致，作为挖土时粗略的中心控制。多桩孔开挖时，应采用间隔挖孔的方法，以减少水的渗透，防止土体滑移。对桩的垂直度和直径，应每段检查，发现偏差，及时纠正。在支护壁模板前应做好记录，桩底持力层应符合设计要求，清除底部浮土后，应逐根进行隐蔽验收并作检查记录。对已扩底的桩，应尽快浇注桩身混凝土，不能很快浇筑混凝土的，应暂不扩底，以防塌方。

（二）施工注意事项

参加挖孔的工人，必须经体检合格。凡患有精神病、高血压、心脏病、癫痫病及聋哑人等不能参加施工。非持证上岗人员，不许操作机电设备或从事其他特种作业，如：搅拌车、电焊机、电动葫芦等必须有专人操作(包括电气、焊割等作业)。每天上班前及施工过程中，应检查辘轳轴、支腿、绳、挂钩、保险装置和吊桶等设备的完好程度，发现有损坏等不安全的，必须及时进行修复或更换。现场施工人员必须戴安全帽，井下人员工作时，井上配合人员不能擅离职守。孔口边1m范围不得有任何杂物，堆土应离孔边1.5m以外。井孔上下应设可靠的通讯联络，如对讲机等。挖孔作业进行中，当人员下班休息时，必须盖好孔口，或对孔口四周设1.2m高度的防护栏杆。正在开挖的井孔，每天上班工作前，必须对井壁、混凝土支护以及井中空气进行检查，发现异常情况，应立即采取安全措施，防止人员中毒或受到其他伤害。井底需要抽水时，应在挖孔作业人员上到地面后进行。一般情况下，夜间禁止挖孔作业，如遇特殊情况，必须进行夜间作业时，应经现场施工负责人同意，并必须要有领导和安全管理人员在场指挥和进行安全检查监控的前提下进行开挖。井下作业人员连续工作时间不宜超过4h，应勤轮换井下作业人员。

（三）照明、通风要求

挖井至4m及以下时，必须用可燃气体(有毒有害气体)测试仪，检查孔内作业面是否存在沼气，若发现有沼气，必须妥善处理并经测试符合安全要求且不再发生沼气后方可作业。下井前，应对井孔内气体进行抽样检查，发现有毒气体含量超过允许值，应将毒气排出后并不致再产生毒气时，方可下井作业。上班前，应采用鼓风机向孔内通风，必要时应输送氧气，然后再下井作业。在其他有毒物质存放区及附近施工时，应先检查有毒物质对人体的伤害程度，再确定是否采用人工挖孔方法。井孔内，应设采用12V安全电压的防水带罩照明灯具，并用防水绝缘电缆连接。井上现场可用24V低压照明，现场用电均应安装漏电保护装置，并达到三级配电，两级漏电保护。

（四）直径挖孔井孔保护

雨期施工，应设砖砌保护圈，高出地面至少150mm，以防地面水流入。最上一节混凝土护壁，在井口处混凝土应设 400mm 宽的沿，厚度同护壁，以便保护井口。

八、套箱施工

施工高桩承台的套箱，要固定在桩基或支架上，这些固定措施必须经过计算，要确保套箱安全、稳固地停放在这些支承点上。套箱施工时，支承点要承受浇筑水下混凝土的重量，当套箱内抽干后，又要能平衡水的浮力，这些必须通过计算来确定。掌握潮汐涨落时套箱施工的关键，要考虑到套箱施工期间可能出现的最高水位，所有的施工设备均应放在不受潮水浸没的高度。在支承点设置、套箱定位过程中，必须随时按施工组织设计要求，采取对水中构筑物的稳固措施，避免因桥墩施工改变沙床现状，增大水流速度或涡流，危及水中构筑物的安全和稳固。当桥墩位于航道中心时，必须采取防撞措施、设置警示标识，确保套箱和其支承点的安全。在施工期间，要联系航道管理部门，指派专职人员负责指挥水上交通。在桥墩上下游一定距离之处，按航道管理部门要求设置红旗、警示灯等安全标识和提示标志。套箱的沉放必须贯彻平稳、均匀的原则，设专人指挥，统一行动。沉放时若步调不一致，会导致起重索受力不均匀，容易发生事故。在支架或套箱上配备救生圈，水上作业人员必须穿救生衣。支架上必须建立施工作业通道，通道底苞满铺无洞孔，并设临边防护。支架和套箱上，应规范设置供作业人员上下的登高设施。套箱内，应采用安全电压。

九、围堰施工

当桥梁基础位于河边受到河水影响时，应筑围堰以挡除河水满足干挖施工的需要。根据围堰所用材料的不同，可分为土围堰、草袋围堰、板桩围堰、木竹笼围堰等几种，采用何种围堰取决于围堰的高度、基坑的深度、工期的长短以及材料和设备等情况，这些围堰均作为施工的措施，要求达到安全可靠、适用的目的。施工季节对围堰形式的选择有很大的关系，在雨季、台风、高潮位季节期间施工，围堰必须具有足够的安全度，能承受预计台风袭击的考验，除提高围堰结构的强度、堰顶的标高高于最高水位以外，还要增加堰顶高度的安全余量（一般为 50cm）；在台风、潮汛高潮时，要设专人值班防汛；并准备足够的加固、养护材料（包括黏土），一旦发生险情立即组织加固。土围堰和草袋围堰每经过一个汛期，必须进行一次养护。堰顶下沉后，应立即恢复夯实至原标高及状态；临水面发现冲刷时，应立即加铺防冲刷材料（如加草袋等）。在河道中筑围堰前，应向航道管理部门联系，在征得航道部门同意后才能进行施工。围堰的两端应设置水上交通安全标志和警示灯并设岗管理水上交通，避免船只撞击。抽除围堰内积水时，抽水机不宜放在围堰顶上，更不能将水直接放泄在围堰处，这样会冲刷围堰，影响围堰安全使用。当基础施工完成后，应尽快将围堰拆除，恢复河岸的原状。堰底的土方必须挖尽，不得在河底形成"门槛"，以免影响船只航行造成事故。

十、基坑开挖

（一）桩基承台样洞

坚持每天班前安全交底制度，对每天的生产作业进行安全、管线保护书面交底。承台样洞开挖应按管线交底卡内容采用人工开挖，对地下不明物，应及时进行保护；当地下管线暴露后，必须及时请项管部专职管线人员到现场对管线进行认准，并按专职管理员要求结合管线保护措施实施对管线的保护。样洞开挖的全过程，分包队伍的管线监护人员应进行全过程跟踪监护，遇非常情况，立即停止开挖，报请项目部有关人员处理。遇机械破碎路面开挖样洞的，作业前机械操作人员必须接受管线交底卡书面交底，并设专人指挥。冲击镐头只允许击碎路面的面层，不允许继续下击，严防损坏地下管线。机械作业的范围，必须进行安全隔离。凡涉及交通要道的样槽、样洞开挖，首先必须有关手续办妥后方可进行，实施前必须征得交通部门的同意，按交通部门要求，做好交通安全各项工作，严禁任意占用交通道。样洞开挖应做到未开挖先围栏，当样洞深度≥2m时，应规范放坡或采取合适的安全措施，若涉及排水，应按现场排水方案进行，严禁向交通道等路面任意排水。样洞开挖时的堆土，距沟边不得少于0.8m，堆土高度不大于1.5m。

（二）基坑开挖

开挖深度大于5m的属于深基坑施工，必须在开挖前编制专项施工组织设计，并报安监站备案。这里所指的沟槽及基坑开挖，其深度应小于5m，而且不涉及重要管线和邻近建筑物的特殊保护要求。在地下埋有电缆，高压水管及煤气管的地区，挖掘基坑必须开挖样洞或样槽，深度已达2m还未发现管线时，必须与施工员联系，通知有关管线单位，探明情况后，才能进行开挖施工。施工时发现事先没有掌握的地下管线应立即停止工作，并报告施工负责人，联系有关单位派人处理后方可继续施工。如发现其他不清物体，应立即报告上级主管部门和有关部门处理，不得任意敲打和玩弄。开挖基坑的部位，如要拆除、搬移测量木桩、水准基点等标志时，应联系测绘主管单位来处理后方能进行。搬移树木应与园林部门联系。开挖基坑，在接近原有旧的煤气管时，工作人员不得吸烟擦火柴等明火。各种管线在未吊牢时，不得在管线下挖土，以防管线下沉折断而压伤。人工挖土面对面翻挖，作业人员必须保持3m以上间距，人工挖土深度超过1.2m，机械挖土深度超过2m时必须开始撑板，如土质松软应及时撑板，有裂缝等现象出现要注意添板，防止塌方压伤人，撑板撑柱要完好，损坏弯曲不能使用。基坑一旦形成，必须及时设四周临边防护，防护杆件应符合：立杆应距离基坑边500mm设置，并打入地下深度不小于0.5m；立杆间距不大于1.8m、上横杆高度为1.2m，下横杆为0.6m。一般基坑放坡的坡度比应控制在1∶0.75，无条件放坡的，应进行基坑支护，采用钢板桩支护时，其基坑底下的入土深度应不小于3m。沿基坑边缘堆放土方及其他材料，距沟边不得少于0.8m，土方堆放高度不得超过1.5m；起重机等重型机械设备不能离基坑过近。堆土应在基坑的一边，留出一边作为卸料之用，如受条件限制，必须在两边推土时，应堆放条形，每隔15m留一通道以便卸料。如发现土层有坍塌或滑坡可能时，应加强检查，注意其动态，并设立警告标志。基坑应分层开挖，保持坑底平整，沿基坑底四周应挖排水沟及时排水，当挖至接近坑底标高时，应保留20cm的高度，在基础施工的当天用人工挖除，不允许挖至标高后的基底过夜。如发生超挖现象必须用黄沙或沙砾回填。每天上班必须检查支护及支撑，如发现松动应及时调整合格，并注意观察临近路面的裂缝和地层坍方。上下基坑要有专用的扶梯，扶梯上端要可靠固定。严禁作业人员在基坑支护设施上攀登。跨越基坑的横向人行跳板，其宽度不小于0.6m，厚度不小于5cm，两端应固定牢固，防止翘头。基坑开挖时必须设置有效的排水，确保基坑内不积水；基坑内必须规范设置上下梯。如开挖的基坑工作周期较长，又要经历冬、雨期施工时，为保证基坑边坡的稳定性，防止边坡土方的流失，应在边坡的表面加铺护面材料(指用水泥砂浆在基坑边坡抹面)。

十一、基础及墩、台施工

垫层、钢筋等材料应采用滑槽或吊车运送,禁止将材料直接抛入坑底。对于体积较大,深度达3～4m之间的基础、承台进行钢筋制作时,应采用脚手钢管规范搭设钢筋构件的支架。在进行钢筋焊接时,电焊机或气割设备应放在基坑外的通道上,禁止用钢筋作搭铁线、禁止借用钢筋构件作为电焊回路;禁止雨天无防雨措施且未采取绝缘措施进行电焊作业。大型承台模板应采用起重机配合吊装,并遵守相应的起重机安全操作规程。承台模板吊装时,应在模板上设有缆风绳,控制模板下降过程中的平稳。模板下降未接近基坑底部时,禁止作业人员直接推扶、禁止作业人员在模板与坑壁之间推扶;模板未可靠固定前,禁止松钩。基础及墩、台支模时,模板与坑壁之间应有不小于1m的作业通道。基础及墩、台边堆放材料时或设备设施时,应考虑坑边负载,不能离坡边过近,严禁向坑内落物。设专人负责坑底排水。

十二、基坑回填土

挖机、装载机作业范围不得有人平土。打夯机工作前,应检查电源线是否由缺陷和漏电,机械运转是否正常,机械是否装置漏电开关保护,按一机一开关安装,机械不准带病运转,操作人员应带绝缘手套。基坑的支撑,应按回填的速度,按施工组织设计及时要求依次拆除,即填土时应从深到浅分层进行,填好一层拆除一层,不能事先将支撑拆掉。

十三、脚手架搭设和拆除的安全管理要求

脚手架 搭设和拆除人员必须是经过按现行国家标准《特种作业人员安全技术考核管理规则》GB 5036考核合格的专业架子工。上岗人员应定期体检,合格者方可持证上岗。搭设和拆除人员必须遵守"安全生产六大纪律",戴好安全帽、系好安全带、穿好防滑鞋;严禁高处抛物(含杆件、扣件)、严禁高处传递工具。脚手架的配件质量和搭设质量,应按规定进行检查验收,合格挂牌后方可投入使用。作业层上的施工负载,应符合设计要求,不得超载。不得将模板支架、缆风绳、泵送混凝土和砂浆的输送管道等固定在脚手架上;脚手架上严禁悬挂起重设备。当有六级及以上的大风和雨、雾、雪天气时应停止脚手架搭设和拆除作业。雨、雪后上架作业应有防滑措施,并应及时扫除积雪。脚手架的安全检查与维护应按规定进行,安全网应按有关规定进行搭设和拆除。脚手架在使用期间,严禁拆除下列杆件:

(1) 主接点处的纵、横向水平杆、纵、横向扫地杆;
(2) 连墙件;
(3) 作业通道上的临边防护杆件。

不得在脚手架基础及其邻近处进行挖掘作业,否则应采取相应安全措施,并报主管部门批准。临街搭设脚手架时,外侧应有防止坠物伤人的防护措施。在脚手架上进行电、气焊作业时,必须有防火措施并派专人监护。地临时用电线路的架设及脚手架的接地、避雷措施等,应按现行行业标准《施工现场临时用电安全技术规范》JGJ 46—2005有关规定执行。脚手架在搭设或拆除时,地面应设置安全围栏和警戒标志,并派专人监护,严禁非

操作人员入内。

十四、立柱施工

从立柱施工开始，就进入了外观工程，应引起足够的重视。同时，从安全生产角度来讲，它也是高处作业的开始。立柱的钢筋，一般都在钢筋混凝土承台上留有插筋，所以立柱施工时，首先要校核插筋的定位和高度，有些立柱较高，立柱钢筋制作必须在立柱脚手架搭设完毕验收通过后进行。

（一）立柱脚手架

市政工程的立柱脚手架，应按施工组织设计要求采用Φ48×3.5脚手钢管及相应的扣件进行搭设，为双排脚手架。严禁将外径为48mm与51mm的钢管混合使用。立杆的基础必须平整，回填土应夯实，每根立杆底部必须设置底座或垫板，垫板的厚度应不小于5cm，且为统长木板，其长度至少能够到二跨（根）立杆。脚手架必须设置纵、横向扫地杆，纵向扫地杆应采用直角扣件固定在距底座上皮不大于200mm处的立杆上。横向扫地杆亦应采用直角扣件固定在紧靠纵向扫地杆下方的立杆上。当立杆基础不在同一高度上时，必须将高处的纵向扫地杆向低处延长两跨与立杆固定、高低差不应大于1m。靠边坡上方的立杆轴线到边坡的距离不应小于500mm。脚手架底层步距不应大于2m。杆接头上的扣件应交错布置：两根相邻杆件的接头不应设置在同步内，同步内隔一根立杆的两个相隔接头在高度方向错开的距离不宜小于500mm；各接头至主接点的距离不宜大于步距的1/3。立杆的顶端宜高出作业面1.5m。柱双排脚手架应在其四周的外侧设剪刀撑与横向斜撑，剪刀撑（斜撑）杆件的搭接长度不应小于1m，应采用不少于2个旋转扣件固定，端部扣件盖板的边缘至杆端距离不应小于100mm。每道剪刀撑得宽度不应小于4跨，且不应小于6m，斜杆与地面的夹角宜在45°～60°之间。立柱脚手架每步应设作业通道，作业通道的宽度不小于0.8m且四周应贯通，并用竹笆满铺，竹笆的绑扎点应不少于4个；当立杆和立柱钢模距离大于250mm时，必须做好隔离防护措施。防护栏杆（横杆）和挡脚板的搭设要求：

（1）防护栏杆和挡脚板应搭设在外立杆的内侧；

（2）上栏杆上皮高度应为1.2m；

（3）挡脚板的高度不应小于180mm；

（4）中栏杆应居中设置。

立柱脚手架架体宽度内设二根搁栅（牵杠），两搁栅之间距不得大于0.4m，便于铺设竹笆，整个架体要做到横平竖直，连接牢固，每步脚手架作业通道的内、外侧均必须设二道防护栏杆（上护栏高度1.2m，下栏杆高度0.6m）。脚手架搭设到顶层必须做好封头，形成外立杆，高于里立杆1m，顶层施工面作业平台内、外侧四周必须设置上栏杆高度为1.2m，下栏杆0.6m的防护栏杆，并按规定安装挡脚板，用密目网全封闭。脚手架施工作业通道，必须用竹笆或脚手架板满堂铺设，防止竹笆滑动和脚手板翘头。立柱脚手架高度小于2m时，外登高梯可采用φ48×3.5mm钢管垂直搭设，梯子步距为30cm，高度超过2m后，应按规定搭设外登高架子，成之字形，坡度为3∶1，或在脚手架内每步采用挂钩式角铁登高梯，但必须做好登高安全防护措施。立柱脚手架，必须在其四个角设置防雷接地。立柱脚手架搭设过程中应进行立杆基础验收和架体的分步验收，经验收合格挂牌后，方可下道工序施工。脚手架施工面外侧及危险部位必须设置醒目的安全警告标志；架体内设灭火器材，夜间脚手架施工必须配足够的照明。脚手架拆除时，必须设立警戒区并有专人看管，自上而下，逐步下降进行，在拆除时严禁向下抛掷物件，并做好落手清工作。

斜道的外形尺寸，按不同高度和使用形式，通过计算而定。高度低于 6m 的脚手架，宜采用一字形斜道；高度大于 6m 的脚手架，采用之字形斜道。

斜道的每步层高为 1.8m，斜道的主承载斜杆，应放在小横杆的上方，不能用扣件吊扣在小横杆的下方，斜道主承载杆的中部下方应加设小横杆和立杆加固支撑，避免主承载杆在接受动载时，产生弹性抖晃。斜道上的底笆应采用质优的且较厚实的竹笆进行铺设，竹笆接头处应采用下一块竹笆迭在上一块竹笆上方的方法搭接，不能倒置。竹笆应至少用 16 号铅丝绑扎四点。斜道底笆上的防滑条应采用 3cm×3cm×80cm 的木条，不能采用层压板条，防滑条之间隔应不大于 40cm，防滑条全长至少有 3 点绑扎固定。斜道的顶端必须设可靠的拉结固定，斜道外侧的纵横面均应规范设置剪刀撑，底部设置纵、横向扫地杆，扫地杆离地高度为 20cm。斜道的外侧，应规范设置踢脚板和密目式安全网，挡脚板宽度为 18cm，表面涂刷黄黑相间的油漆作为安全色标，挡脚板厚度不应小于 1.5cm，挡脚板应整齐多点绑扎在斜道上，并用密目网全封闭。运料斜道的宽度不宜小于 1.5m，坡度宜采用 1∶6；人行斜道的宽度不易小于 1m，坡度宜采用 1∶3。斜道的拐角处应设置平台，其宽度不小于斜道宽度。斜道平台两侧及平台外围均应设置防护栏杆及挡脚板，上栏杆高度为 1.2m，居中栏杆高度为 0.6m，挡脚板高度不应小于 180mm。运料斜道两侧、平台外围和端部均应设置连墙件；每两步应架设水平斜杆。连墙件及剪刀撑、水平斜撑的设置应符合 JGJ 130—2001 规定。当斜道脚手架下部暂不能设连墙件时，可搭设抛撑。抛撑应采用通长杆件与脚手架可靠连接，与地面的夹角在 45°～60°之间。连接点中心与主接点的距离不应大于 300mm。抛撑应在连墙件搭设后方可拆除。架体高度超过 40m 且有风涡流作用时，应采取抗上升翻流作用的连墙措施。

连墙件：宜靠近主节点处设置，偏离主节点的距离不应大于 300mm。应从底层第一部纵向水平杆处开始设置，当该处设置有困难时，应采用其他可靠固定措施。宜优先采用菱形布置，也可采用方形、矩形布置。对于高度在 24m 以下的单、双排脚手架宜采用刚性连墙件与建筑物可靠连接，亦可采用拉筋和顶撑向配合使用的附墙连接方式，严禁使用仅有拉筋的柔性连墙件；对于高度在 24m 以上的单、双排脚手架，必须采用刚性连墙件与建筑物可靠连接。连墙件必须采用可承受拉力和压力的构造。采用拉筋必须配合顶撑，顶撑应可靠的顶在混凝土圈梁、柱等结构部位。拉筋宜采用两根以上直径 4mm 的钢丝拧成一股，使用时应不少于两股，亦可采用直径不小于 6mm 的钢筋。连墙件中的连墙杆或拉筋宜呈水平设置，当不能水平设置时，与脚手架连接的一端应下斜连接，不应采用上斜连接。

（二）钢筋、混凝土施工

采用竖向焊接立柱钢筋时，应遵守竖向钢筋电渣压力焊机安全操作规程。焊接时，动火部位应配置灭火器材，办妥动火审批手续，并设专人监护。当立柱、钢筋进入脚手架内须临时拆除脚手架临边防护时，应办理审批手续，并做好相应防护措施，当钢筋就位后，应立即恢复脚手架的防护设施。当进行立柱箍筋绑扎作业时，应事先在各层作业通道与立柱竖向钢筋之间同步设置厚度不小于50mm无断裂、无结疤的优质跳板，跳板应满铺并可靠固定；在无防护设施的特殊情况下进行作业时，作业人员必须系好安全带，挂好保险钩。定型的立柱大模板，应有吊车配合拼装；立模前，在承台上放样定位后，还要照顾到前后左右立柱时的整齐划一，尽量满足视线舒适。有些立柱较高，需要两节或三节模板拼接，这时也应注意拼接缝尽量不留在视线范围内。必须用缆风绳稳固高立柱模板，缆风绳禁止设置在各类通道上，缆风绳接近地面端的3m高度范围，应设醒目的红白相间的反光标识。立柱的混凝土一般要分层浇捣。有些超高立柱浇捣混凝土，由于插入式振捣器软轴长度的限制，采取操作人员从立柱上口进入模板内部的振捣方法，应采取切实有效的安全措施，操作人员进入立柱模板前必须系好保险绳，设专人监护，每隔半小时换一次人；高温季节必须及时采取防暑降温的措施，保证操作者的安全。进入立柱钢模的振动机应采用长软轴的，并配备合格的末级开关电箱；禁止振动机连电源导线进入钢模，立柱钢模内，必须使用安全电压。立柱脚手架的外侧，应采用密目网、踢脚板进行防护隔离；涉及交通道的，应增设防护屏对交通道进行保护。

（三）立柱模板的吊装和拆除

起重机的选用必须同时满足起重负载和起重高度两个要求；起重机械作业面的地基（特别是汽车吊支腿下方的地基），必须经过验收，地基不到位不能进行施工。起重索具、钢模吊点必须符合施工组织设计中的相关要求。高处起重吊装作业时，应设统一的起重指挥，起重指挥和其他作业人员应在脚手架临边防护范围内进行作业。起重机作业必须遵守相应的安全操作规程和起重吊装"十不吊"原则；特别要强调的是，履带式起重机必须在带负载(立柱钢模)行走时，应满足起重机的安全作业要求；立柱钢模必须设缆风绳控制平稳、立柱钢模起吊高度离地面不大于50cm、起重机此时的负载不得超过额定起重量的70%，而且必须缓慢行走，严禁起重机长距离带载行走。当起重机使用到其安全性能的极限时，严禁操作人员关闭(电脑)或拆卸起重机的安全控制装置进行吊装作业。立柱钢模的拆模，应先使立柱钢模与立柱混凝土结构脱离，再采用起重机配合吊运，不得在钢模与立柱结构未完全脱离的情况下，用起重机硬拔。立柱钢模应堆放在坚实平整的地面上，并用垫木垫平垫稳，不得倾斜。

第二节 上 部 结 构

一、盖梁施工

（一）盖梁支架和脚手架

地基处理应按施工组织设计要求进行，一般采取先用压路机碾压，人工整平后，再在土基上铺设枕木或路基箱板作为支架基础的方法，或在土基上铺设10cm道砟，然后铺设15cm混凝土的方法处理。地基的处理，必须经验收合格后，方可进行盖梁支架和脚手架的搭设。

盖梁承重支架(满堂排架)作为盖梁模板的支护系统，其立杆底部应有统长的槽钢或厚度不小于5cm的木板且上设有100mm×100mm钢板作垫衬；立杆的纵、横向间距，必须按施工组织设计要求搭设。必须设置纵、横向扫地杆，纵向扫地杆应采用直角扣件固定在距底座 200mm 处的立杆上。横向扫地杆亦应采用直角扣件固定在紧靠纵向扫地杆下方的立杆上。当立杆基础不在同高度上时，必须将高处的纵向扫地杆向低处延长两跨与立杆固定，高低差不应大于 1m。靠边坡上方的立杆轴线到边坡的距离不应小于 500mm。盖梁支架的步距应严格按施工组织设计要求进行搭设，底层的步距不应大于 2m。立杆的接长除顶层顶部可采用搭接外，其余各层各步的接头必须采用对接扣件连接。立杆上的对接扣件必须交错布置；两根相邻立杆的接头不应设置在同步内，同步内隔一根立杆的两个相隔接头在高度方向错开的距离不宜小于 500mm。各接头至主接点的距离不宜大于步距的 1/3；搭接长度不小于 1m，应采用不少于两个旋转扣件固定，端部扣件盖板的边缘至杆端距离不小于 100mm。斜撑与剪刀撑必须按施工组织设计要求设置。盖梁脚手架部分与承重支架必须分隔设置，操作脚手架一般采取双排落地脚手架，在底模每边设置宽度 1m 左右的作业通道，作业通道的内、外侧必须设置临边防护，并用密目式安全网围护。对于高度较高的盖梁，脚手架应设置多层作业通道，确保脚手架防护高度高于施工作业面 1m 以上。脚手架必须可靠接地。搭设完毕的盖梁承重支架和脚手架，必须经验收合格挂牌后，方可投入使用。市政工程的盖梁一般均较大，因此必须在盖梁底模上搭设适配的支架使盖梁定型钢筋定位，进而进行绑扎、焊接作业。严禁作业人员在起重机悬吊的定型钢筋片上进行定位等作业。严禁在吊运盖梁模板、钢筋等作业时随意拆除脚手架的防护杆件。盖梁定型钢筋、模板的吊装，必须设专职起重指挥，作业区设专人监护。在脚手架通道外作业的高处作业人员，必须系好安全带，挂好保险钩。预应力盖梁的穿索，必须设专人指挥和监护，严防钢索滑落或触及高压架空线路。张拉作业必须在脚手架上进行，脚手架的端头应设置防护板，并按张拉作业安全要求进行操作。涉及交通道的盖梁施工，必须在交通道上方设置有效的隔离，确保交通道的安全。对于高度低于 6m，又正好在交通道上的盖梁施工，必须事先征得交通管理部门的同意，按交通管理部门的要求采取安全措施后，方可进入施工；盖梁支架的任何杆件，严禁进入开放的交通道。盖梁支架若数量不多，形状变化又较多时，一般考虑搭设满堂式支架，但有时盖梁形式单一，又具备一定的起重条件，可用型钢经设计制作一些可以拼装的支架，既可加快搭设速度，又可节约劳力资源，并且在以后类似工程中可反复使用。

（二）预应力张拉

张拉作业应设置明显的标志，禁止非工作人员的进入。张拉作业人员必须持有效操作证者进行。作业时，构件张拉两端不准站人，并设置可靠有效的防护措施。选择高压油泵的位置时，应考虑在张拉交接班过程中锚具构件出现突然损坏时，操作人员能立即避开。油泵与千斤顶之间的所有连接点及钢管的喇叭口，必须完好无损，连接螺母必须旋紧，油表等接头处应有胶布绑扎，以防漏油喷射伤眼。每次张拉完毕，必须稍等几分钟时间再拆卸张拉设备。张拉过程中，必须随时注意非正常情况的出现，密切关注张拉值的大小必须与计算预值相适应，当压力表指针不复零位，张拉机械发生故障时，必须停止张拉，会同工程技术人员采取措施，排除故障后，方可继续进行张拉。孔道灌浆时，掌握喷嘴的人必须戴防护镜，穿雨鞋，戴手套，喷嘴插入孔道时，喷嘴后面的胶皮垫卷要压紧在孔洞上，砂浆压浆泵与胶皮卷连接牢固后，才能进行压浆灌注，堵灌浆孔时，作业人员应站在孔的侧面，以防砂浆喷出伤人。张拉前必须做到"六不张拉"，即：没有预应力筋出厂材料合格证、张拉前交底不清、预应力筋规格不符合设计要求、配套构件不符合设计要求、准备工作不充分，安全设施未做好、混凝土强度达不到设计要求。夜间施工，必须具备足够的照明，严禁不设照明借用路灯进行张拉作业。涉及交通道的张拉作业，为防止两端构件突然损坏弹出，应考虑设二道防线，进行保护。在盖梁上进行张拉时，必须将盖梁支架两端头用厚质板进行封闭。

二、箱形梁施工

箱形梁施工是一项施工工艺综合性较强的高处作业，一般有水上和陆上作业两种，具体涉及承重排架和脚手架的搭设及拆除、箱梁模板的吊装和拆除、大量的钢筋制作和焊接、预应力穿索和张拉作业、混凝土浇筑等，整个施工过程中的重点控制部位多，在具体施工中应落实跟踪监护措施，确保施工安全。

承重支架的地基加固，必须按施工组织设计要求进行，并经验收合格。在安排施工任务时，必须密切关注各作业程序的控制和衔接：承重支架的地基未处理到位或平整度差时，不能进行承重支架搭设。承重支架的临边安全防护措施、作业通道未完善、支架未经验收合格挂牌时，不能进行下道工序作业。底模搁栅铺装，铺设底模，尽量做到搁栅铺到，底模铺设立即跟到，同时完善侧模的立杆与横杆，以此作为底模作业的临边防护；翼模支架的建立应与临边防护同步完成。承重支架的搭设，应严格按施工组织设计方案实施，由持有效登高架设操作证者操作，严禁无证作业。支架搭、拆过程中，作业人员应系好安全带，做好应有的个人防护工作，并设立警戒区域，派专人监护。采用台林作承重支架的下部时，除台林搁置需水平稳固外，还必须将各台林进行联体连接，同样设底部扫地杆，每步设横杆连接，并应参照钢管盖梁支架搭设规范，合理设置剪刀撑。在搭设承重支架时，应同步建立施工作业的脚手架、防护设施及登高设施。箱梁支架应在合适的位置规范设置上下作业斜道、连续箱梁支架应考虑设置多只作业斜道，斜道坡度的高长比应控制在1：3；斜道高度每6m处必须设中间平台，斜道上每隔30cm装有防滑条，斜道的两侧均应设置上、下两道扶手。施工作业人员上下支架，必须从斜道上通行，严禁直接攀登支架。箱形梁施工时，材料垂直运输较多，且多为成捆材料使用起重机吊运，故在吊运材料作业时，上下应密切配合。成捆材料必须采用两点捆吊，严禁单点吊运。每一作业点设一名合格的起重指挥，具体负责材料吊运的安全工作。材料垂直运输过程中，作业人员应随时注意对吊物的有效避让。吊臂下方不准留人，材料垂直吊运，严禁碰撞支架。材料垂直吊运时，作业人员不准站在临边扶手上推扶材料，严禁站在无临边防护设施的支架边缘又未系安全带而推扶被吊物。对于涉及交通道的箱梁支架，其临边防护设施应用竹笆围挡，并在临边外侧用密目网封闭，切实保护交通道的安全。电焊作业时，应严格做好防焊花直接下溅到交通道的隔离围挡工作，严防焊花下溅伤人，伤车或发生火灾。箱梁作业面一旦建立应及时配备合格的灭火器材，做到100m²/只。箱梁钢筋制作时，作业面钢筋密布，电焊机等大量移动电具的电源导线必须沿临边防护设施布放，不能在钢筋上任意乱放；所有用电设备必须经过二级漏电保护，交流电焊机必须设置二次空载降压保护器；在此施工阶段，专职电工应不断巡视现场安全用电状况，发现隐患，及时整改合格。由桥下送电至桥面上的电源导线，均应通过绝缘子悬挂，严禁将电线直接绑、挂在脚手钢管上。脚手钢管及台林制作的箱梁支架，均应多点可靠接地，接地点一般为每30m/个，接地体严禁采用螺纹钢，接地连接点应采用压接，接地导线禁止采用铝导线或单股导线。由于市区施工一般采用不封交形式，故施工场地相对较小，有时材料垂直运输，泵车浇混凝土时，施工机械很可能涉及交通道，因此必须在征得交通部门的同意后占用部分交通道施工时，必须将该作业面进行有效安全隔离并设专人看护，确保施工时的交通安全。当某段箱形梁混凝土浇筑完毕后，桥面将产生一部分预留洞口，因此必须对预留洞口采取覆盖或其他相适应的安全防护措施。箱形连续梁施工周期较长，支架及辅助设施如：临边围护，作业通道底笆，上下斜道等都有可能受损严重，应及时定期设专人对箱梁脚手架、斜道等防护设施进行维修保养，严防安全防护设施受损后对作业人员施工带来不良后果，特别时作业通道损坏产生洞孔，临边防护缺挡等。箱梁逐段施工时作业面的端头临边防护必须及时完善（含作业通道端头的防护）。对于跨越交通道的箱梁支架必须在交通道车流方向的入口处及前50m处的支架上方设立醒目的限高标志，夜间设灯光照明及警示灯。张拉作业人员必须持有效证上岗。为避免交叉作业的产生，当张拉作业实施时，该段作业区域应没有其他作业；若交叉作业不可避免产生时，则必须采取相应的安全防护措施，安全措施未采取前，严禁其他作业与张拉作业同时同区域施工。张拉作业时，二端头不准站人，其他要求请参照张拉安全技术交底。箱梁施工必须在每个工作面上，设置足够的照明，严禁借用路灯或不设照明作业，施工照明的设置方向，尽可能不使交通道上机动车驾驶员产生眩目感，确保施工期间交通道的安全。箱梁施工的任何时刻，严禁脚手板未固定，产生翘头板现象。

三、板梁架设（含钢结构）

板梁架设施工（简称架梁施工），必须严格按施工组织设计方案进行，事先经过精心的组织，按需配备足够的力量，对所有作业人员进行全面的安全技术交底。每跨梁的架设，必须严格执行吊装令签发制度。架梁施工所使用的起重机械设备，必须满施工组织设计要求，并持有效的验检合格报告书和检测使用证；事先进行安全运行性能检查，未经验检合格的起重机械设备，禁止投入使用。采用两台起重机械进行抬吊架梁施工的，该两台起重机械的型号，综合特性必须基本一致，不得采用既不同型号又不同特性的两台起重机械抬吊架梁。高处起重架梁作业风险较大，作业人员必须按安全生产，劳动保护有关规定，严格做好个人防护工作，在无法健全安全防护设施的盖梁上从事起重作业的人员，必须系好安全带。严禁穿皮鞋等硬底鞋从事架梁作业。架梁施工的全过程，必须持合格起重指挥证的指挥人员进行统一指挥，严禁多人指挥或无证指挥，并采用标准统一的指挥信号。市区施工，所处现场的交通道车流量很大，晚间仍有较大的车流量，故在起重机械进、运梁车频繁进出场的时间内，必须设专人进行交通秩序维护，及时引导车辆就位；对起重机械作业范围必须占用交通道的部分，应在征得交通部门同意的前提下临时占用，并在该区域设置安全围栏，当天施工完毕，即清扫路面，恢复原交通，确保架梁期间交通道的安全。架梁施工前，必须在架梁起端盖梁处，用脚手钢管搭设合格的上、下梯（按立柱支架搭设规范进行），对于采用盖梁脚手架上下斜道进行登高的，应及时搭设盖梁底部至盖梁端面的上下梯，严禁作业人员在盖梁端头依靠预留张拉钢索直接爬越攀登；采取有效措施，确保高处起重作业人员安全带保险钩提供可靠的挂钩点，例：在待架梁的两盖梁顶部，用ϕ10mm以上的钢索绳沿盖梁全长紧绷牢固在盖梁两端的钢筋上，供在盖梁上作业的人员系好安全带挂保险钩之用等。起重机械所处架梁作业区域的基地，必须整平压实，并铺上合格的路基箱板，路基箱板的铺设，必须平整，下部垫实，严防地基处理不当，导致起重机械重载或重载回转时失稳。供现场运梁车所经的通道，必须按起重机械所处架梁作业区域的地基要求进行处理，严防因地基处理不到位而导致梁车倾斜或陷入泥中倾覆等事故发生。采用双机抬吊进行架梁作业前，应首先对两起重机械驾驶员进行安全技术交底及配合要求的交底，务使其心中有底，配合默契；对第一根梁的架设必须先行试吊，确认无误后方可进行架梁施工。架梁施工所使用的起重索具、吊具，必须满足施工组织设计要求(吊、索具的材质、规格、长度)，采用外加工的吊、索具，必须具备有效合格证，严禁未经任何检验，且无合格证的起重索具投入使用；架梁过程中，起重吊、索具的安装，挂钩作业，应持合格起重挂钩指挥证的人员担任，严禁无证操作。板梁、钢梁在运输过程中，应事先了解运输途中的路况，了解范围包括路面、路宽、沿途各转弯点半径、桥梁限载、跨交通道电气线路高度等，选择最佳运输路线；城市内超长构件运输，必须会同交通部门，进行交通组织，引车道，局部封交等。夜间架梁作业，必须配备足够的灯光照明，照明应从多方位向作业面射光，不能采用单面光源。照明安装完毕，应在架梁前一天进行试照明，及时补充照明不足部位的照明。照明设备的电源线，必须绝缘良好无损，导线安放合理；在钢梁上进行焊接的电焊设备，必须可靠保护接地(零)。电源线应施放在避免钢梁架设时受挤压、钢梁边缘快口等不安全的地方，确保安全用电。钢梁架设前，应在钢梁底部采用脚手钢管搭设工作通道，随钢梁同时起吊就位，工作通道支架搭设，严禁无证操作。钢梁就位时的电焊等高处作业，必须系好安全带进行。箱形钢梁底部的作业通道脚手，属于悬吊式脚手架，固定点较少，自重较大，因此必须严格按施工组织设计结合钢管脚手架规范实施搭设；悬吊式脚手架跨越交通道的，须采用两层底笆进行隔离，并用密目网围挡。已架梁的桥面段，在防撞墙、正式栏杆未实施之前，须设有临边防护栏杆，临边防护设施上应设置挡脚板并用密目网全封闭。高处焊、割作业必须设置有效防止焊花、焊渣飞溅的措施(交通道)。设足够的灭火器材，并相应办妥动火申请手续。若架设的梁距高压线路较近，应做好相应安全隔离和控制措施；若不能满足梁与高压架空线路的安全距离时，必须停止架梁施工，待供电部门将高压架空线路迁移至梁与架空线路满足安全距离时再进行架设。钢梁导电性能好，为防止电线破皮或设备漏电可能导致钢梁大面积带电，必须做好钢梁的可靠接地工作。

四、T型梁架设

T型梁架设施工(含钢结构)，必须严格按施工组织设计方案进行，事先经过精心组织，对所有作业人员进行全面的安全技术交底，每次作业前应进行合理的分工并落实针对性安全措施。架梁施工必须执行吊装令签发制度。T型梁架设施工(以下简称架梁施工)所使用的起重设备，必须满足施工组织设计要求，并持有效的安全使用证及验检报告书，二证缺一不可。使用前进行运行安全性能检查，经现场项目部检查不合格的起重设备(含缺上述二证的设备)，禁止投入使用。若采用架梁机架梁，其各项指标必须符合施工组织设计要求。现场安装后须经专业的检测检验机构检验合格，发放使用证、挂验收合格牌后方可投入使用。T型梁的长度较长，自身重量大，当采用两台起重机抬吊时，应采用满足施工组织设计各项要求的同型号起重机械，综合特征及指标基本一致，不得采用既不同型号又不同性能的两台起重机械抬吊架梁。采用架桥机架设T型梁的，必须严格按架设方案程序进行，在首次作业前，应组织所有架梁施工人员进行架梁作业过程的培训和交底，关键程序和危险点的控制方法应重点交底，架梁作业人员一旦确定，不得任意调换。采用架桥机进行架梁施工时，其电源必须设专人进行控制，并设合格的专职电工，机修工跟班作业，严防电源突然中断或架桥机电气、机械故障引发各类事故。T梁在运输过程中，除应采取按施工组织设计要求绑扎固定等安全措施外，还应事先了解运输途中情况，了解范围包括路面、路宽、沿途各转弯半径、桥梁限宽、跨越交通道的电气线路高度等，选择最佳运输路线，城市内超长构件运输，必须会同交通部门进行交通组织，设行车道，局部封交等。市政工程的T梁架设高度一般为20m左右，在高处进行起重、焊接等的作业人员必须严格按安全生产，劳动保护有关规定，做好个人防护工作，特别强调在无法健全安全设施的盖梁上进行作业的人员，必须系好安全带，挂好保险钩。架梁施工的全过程，必须设持有起重指挥证的指挥人员进行统一指挥，严禁多人指挥或无证指挥或无指挥，同时必须采用标准统一的指挥信号。架梁施工前，必须在架梁起端的盖梁处，用脚手钢管搭设合格的上下梯(按立柱脚手架搭设规范进行)，积极创造条件，为高处作业人员安全带保险钩提供可靠的挂钩点，例：可在待架梁的两个盖梁顶部，用$\phi 10$钢丝绳沿盖梁全长紧绷牢固在盖梁两端的钢筋上，提供盖梁上作业的人员安全带挂保险钩之用等，这项工作，必须在架梁施工前完成。起重机械所处架梁作业区域的地基，必须整平压实，并铺上合适的路基箱板，路基箱板的铺设，应平整且下部垫实；地基须经验收合格。严防地基处理不当，导致起重机械重载或重载回转失稳，或运梁车轮深陷有倾覆可能。汽车起重机支腿处的地基除平整压实外，还应垫上适当面积及厚度的钢板或路基箱板。用双机抬吊进行架梁作业前，应首先对两组起重机械驾驶人员进行安全技术交底及配合要求的交底，务使其心中有底配合默契。对第一根梁的架设，必须先行试吊，确认无误后方可进行架梁施工。架梁施工所用的起重吊、索具，必须符合施工组织设计要求(吊、索具的规格、材质、长度)。采用外加工的吊、索具，必须具备有效合格证，严禁未经任何检验、无合格证的起重吊、索具投入使用。起重吊、索具在使用过程中，必须在每次架梁前进行安全检查，严格掌握起重索具的报废或降级的使用标准，对于不合格或将不合格的吊、索具，禁止投入架梁作业。架梁施工的全过程，架梁主体施工单位必须设现场专职安全人员进行监护，及时制止违章，对施工过程中可能产生的各类安全隐患进行控制，确保架梁施工的安全。夜间架设T梁时，必须保证足够的灯光照明，应采用多只镝灯多方向投光，严禁只采用2～3只碘钨灯勉强凑合进行夜间架梁作业。每根T梁就位后，必须在牢靠固定的前提下方可松钩，从事T梁焊接固定的作业人员，必须系好安全带，挂好保险钩，T梁就位后的固定方法，必须严格按施工组织设计要求进行稳固，稳固措施不到位，严禁松钩。架梁施工后形成的桥面，在其临边设施、梁与梁的孔、缝防护未完成之前，禁止人员进入。

五、架桥机节段梁施工

采用VSL公司架桥机进行预制节段梁拼装是一项全新工艺，施工过程内容多、工序复杂。整个安装过程均为高风险多工种高处作业，作业面小、作业人员可靠立足点少且又不易临时建立，而整个流程又必须满足一气呵成的需要，因此在施工前必须进行精心组织和安排。

(一)管理要求

在各种人员配置上必须满足实际施工的需要，做到人员定位准确，分工明细。要求每个作业人员对自己的作业内容及安全、技术要求都必须事先充分掌握，切忌盲目作业。在开吊前，应制定每班的管理、作业人员名册，必须按名册对每个岗位定人，名册上岗位所定的人员不得随意变动，所配置的人员，必须满足多作业点二班制作业。整个节段梁架设施工必须实行由专业项目部来统一指挥的方法，特别强调的是：来自不同单位的不同作业组，，均必须服从专业项目部的统一指挥，在各工序施工及衔接上做到绝对的有条不紊，现场作业条理清晰。节段梁安装施工前，必须首先编制所有的主材、辅助材料清单、安全防护措施所必须要的 $\phi 48 \times 3.5mm$ 钢管、扣件、供安全带保险钩挂钩用的钢丝绳及夹具和夜间照明器材，按清单所列的材料经各作业队相关人员验证合格、数量到齐后汇总向专业项目部负责人书面汇报。在动态施工中应由各作业队负责人及时派专人了解各类材料的供应情况，并负责各类合格材料的落实，确保各类合格材料供应不中断。成立节段梁施工安全监控小组，分班，分作业区设置，安全监控人员数量必须满足分班，多作业区施工的需要，并经安全监控技术交底书面签证后上岗任职。工作中必须以高度的责任心，严格按该安全技术交底中内容全过程监控，不准随意离岗、不准违背安全监控原则，对冒险强行作业或有即将发生事故可能的盲动行为应及时制止。节段梁安装作业的各班组，必须组织职工学习该专项施工组织设计和VSL架桥机操作手册，尤其对各自从事的作业和上、下道工序衔接的内容，必须掌握关键要点。同时根据作业需要，进行人员配置和合理分工，做到每个作业人员都知道节段梁安装架设时的危险因素和预防措施。上道工序完成后，其相关作业人员应及时离场进入安全区域，让出位置给下道工序作业人员。夜间施工，必须暂停施工作业时，应将VSL架桥机和节段梁进行有效固定后，作业人员方可撤场。节段梁架设施工若遇大风、大雨等灾难性天气时，必须暂停施工作业，并将VSL架桥机和节段梁进行有效固定后，作业人员方可撤场。严格执行吊装令签发制度，所有作业人员进入施工现场，必须严格遵守安全生产六大纪律。首次安装架桥机，应在设备生产厂技术人员的指导下进行。在第一次开吊前，必须严格按架桥机的操作手册中各项安装计划要求对架桥机进行初验，初验合格通过后，方可进行节段梁提升和横移试吊。

（二）节段梁的节段提升、转体和横移

节段梁安装施工的作业区域，必须设置醒目有效的隔离，并设专人进行值勤，严防不相关人员进入，节段梁起吊、提升及横移时下方禁止有人。节段梁到场提升前，应对所有必须用的器材的质量和数量进行检查、检验。精扎螺纹钢筋和螺母、预应力施工的锚具和锚塞应具有合格证、质保书、生产许可证；规格应符合施工组织设计要求，不准使用代替品，确保受力构件安全可靠。同时，应对架桥机进行全方位检查，关键部位螺栓再次紧固合格，吊杆必须完好无损，安装垂直度合格、吊点吻合良好，位置正确。架桥机机械设备的操作工，应在制造厂相关人员旁站指导下听令操作，严禁在未熟悉安全操作规程前独立操作，机械操作人员在操作过程中应集中思想，服从指挥，坚守岗位，谨慎操作，严禁操作中紧急制动。节段在起吊提升前，应在节段梁两侧防撞墙预埋钢筋处竖直焊接高度为1.2m的 $\phi 48$ 钢管，每隔2m焊接一根。同时沿节段梁纵向设 $\phi 8$ 的镀锌钢丝绳绷紧固定在节段梁两侧的钢管底部，供节段梁提升后各类作业人员的安全带挂保险钩使用。 $\phi 48$ 钢管作为节段梁安装后桥面临边防护的立杆。预制节段梁桥面形成过程的临边防护搭设工作必须由持证上岗的架子工担任，原则上应做到每片节段梁提升，转体横移粘结、靠拢、临时预应力施加完毕后，临边防护随即跟到完成。节段梁提升前，二端应设合格的溜绳进行稳定控制。在制造厂技术人员的指导下，按施组顺序正确用吊杆等构件节段梁与连梁，提升分配梁进行可靠连接。为可靠起见，这道工序应得到 VSL 公司技术人员确认。一切准备工作就绪，在专业项目部的统一指挥下，由现场起重指挥发出指挥号令，节段梁开始起吊提升。起重指挥信号，必须用可靠的对讲机进行传递，严禁多人同时进行起重指挥。若设二级指挥，机械操作人员只服从主指挥的指挥信号。节段梁转体时，若转体区域有地面交通，必须在节段梁提升高度大于 5m 时进行转体。对地面交通道应设置防高处落物的隔离设施。节段梁转体应采用溜绳配合，负责溜绳的作业人员，应严格服从指挥信号，切忌用力过猛，溜绳作业人员不得进入节段梁下方区域。每片节段梁转体提升、横移到位后，将实施预制节段的吊杆转换，这项工作的关键是作业人员处于高处悬空作业的状态，且频繁地在节段梁、连梁，提升分配梁上爬上爬下，作业人员安全带无法挂保险钩，这就要求作业人员有良好的身体和心理素质，在可靠立足点站定后系好安全带，挂好保险扣，然后进行操作，高处作业时不准互相传递工具及高处抛物。在吊杆螺栓安装紧固时，应控制好作业人员自身的重心，切忌盲目用力、当悬吊杆安装完毕，确认无误后，吊杆安装人员必须立即进入架桥机安全通道内，此时方可放松提升绞盘，确认吊杆受力到位稳定后，进入拆除提升分配梁与连梁之间的连接作业，同理，当提升分配梁与连梁连接件拆除完毕，作业人员全部进入安全区域后，方可进行下一片节段梁的提升，每片节段梁的安装均为如此，依此类推直至一跨节段梁全部悬吊就位在各自的吊杆上。

（三）预制节段梁的空间定位

墩顶块安装涉及辅助设施多，其中节段梁提升，吊杆转换和横移过程参照相关要求交底实施。永久支座，临时千斤顶等重物应采用满足施工组织设计要求，在立柱顶部支座横轴线设置完毕后采用起重机配合输送至立柱顶部；重物起吊过程中，应设置溜绳控制，严禁碰撞脚手架和架桥机等物，其索具及吊点应经安全监控员检验合格方可使用。在墩顶块提升前，应将捯链、测量工具、钢垫块等辅助材料运送至合适的脚手架操作层。测量人员，永久支座临时千斤顶安装等人员在高处临边作业，必须系好安全带，挂好保险钩。千斤顶，捯链的作业应遵守相关安全操作规程。作业人员，一旦完成指定工序，必须进入安全区域，不得在原作业区逗留，或停留在危险区域。

（四）节段梁荷载转换空间定位调整

一个孔跨内所有节段梁全部拼装完成后进入整跨桥梁纵向的永久预应力张拉施工。此时的整跨节段梁，将在中部呈拱起状态，预应力的大小直接影响整跨梁中部的起拱度，同时也影响各节段上吊杆的荷重，呈现中部吊杆荷重减小、两端吊杆荷重增大现象，此时预应力的施加值事关重大，关系到整跨已拼装节段的安全。因此张拉作业小组必须严格按施工顺序和计算结果控制预应力张拉值和延伸率及张拉孔号。从程序计算到预应力施加，这个过程的质量控制，直接关系到整个架桥系统的大安全。在施工中各项相关管理、作业人员必须相互联络到位，计算精确，消息传递准确及时，操作绝对不能有误。随着整跨桥梁纵向预应力的增加，节段梁悬吊杆的受力将从中部向两端逐渐递减，随之一分节段梁悬吊杆将部分受力，此时被技术部门确认为不受力的节段梁悬吊杆，将按要求分批逐步拆除其与梁体的连接。这道工序的关键是拆除的悬吊杆与梁体连接必须被技术部门确认，操作人员必须寻找最佳可靠立足点系好安全带，挂好保险钩进行作业。未经技术部门确认为不受力的悬吊杆件严禁私自拆除与梁体的连接。这里所指的空间调整定位是针对整跨节段梁的，所涉及的工序类同墩顶块空间定位，但该调整是在整跨节段梁的纵向两端墩顶处，可参照安全生产作业指导书实施。实施空间定位的千斤顶操作人员极有可能进行高处临边作业或悬空作业，因此要求作业人员事先选好可靠的立足点，系好安全带，挂好安全钩，具体作业遵守千斤顶安全操作规程。

（五）预应力施工

节段梁架设安装过程中的预应力施工分为临时预应力施工和永久预应力施工两大类。

1. 临时预应力施工

其目的是采用不同规格的精轧螺纹粗钢筋，待节段梁粘结靠拢后实施二片节段梁拼接后的固定，并施加相应的预应力，这道工序的关键是不同规格的精轧螺纹粗钢筋不能搞错安装位置和控制好预应力值及延伸量。严禁采用螺纹损坏或有伤痕的精轧螺纹粗钢筋及螺母，安装及预应力张拉人员必须严格遵守高处作业纪律，系好安全带挂好保险钩，工序一旦被确认完成，立即安排专业人员进入安全区域，同时做好作业区落手清工作。

2. 永久预应力施工

永久预应力作业是在整跨节段梁纵向的两端同时进行的，作业人员必须在符合安全标准的脚手架上进行作业，在临边防护以外的范围作业，必须系好安全带，挂好保险扣。所穿的钢索、锚具、锚塞必须经现场技术部门确认合格。用卷扬机配合穿索的，必须设专职指挥，指挥信号传递准确到位，在穿索过程中转向滑轮钢绳范围内不准有人，同时禁止在穿索受阻时，采用卷扬机硬拉。张拉施工必须实行统一张拉指令（由专业项目部负责人委托专人发出），张拉顺序必须是先内后外，先简支后连续，千万不能违反顺序操作，具体应在作业前组织相关人员认真学习施工组织设计和相关技术交底，吃透精神，使每个作业人员均掌握张拉作业的顺序及过程要求。张拉作业的区域，应在地面设置醒目有效的警戒区域，做好设专人值勤，阻止相关人员进入，涉及地面交通的参照交底要求，搭设标准的隔离棚，按需及时设专人指挥交通，及时做好防锚具锚塞弹出伤人和物的措施。

（六）环氧胶粘剂涂抹

环氧胶粘剂涂装人员，必须事先在地面上进行预培训，基本掌握涂装要领操作熟练后方可进入作业。涂装人员必须戴好目镜，塑胶手套、口罩、身穿长袖长裤服装、带好被套、系好安全带后进入施工，作业时应谨慎细心，控制调节好自己的情绪。搅拌环氧胶粘剂的人员，应将合适数量的甲乙二级胶粘剂事先送到位于立柱顶部处脚手架操作层上待命。同样，搅拌者应穿戴好与涂装人员相同的劳防用品后进行操。特别要强调的是，在运送已搅拌合格的环氧胶粘剂时，必须系好安全带，挂好保险扣，不紧不慢地进行操作，严防胶粘剂从容器中溢出或倾翻到涂装人员和地面人员身上。

（七）节段梁架桥机前移过孔

架桥机前移过孔之前，必须组织相关技术人员学习架桥机说明书中架桥机前移过孔说明和架桥机操作手册中相关章节。熟记工艺程序和操作要点，同时对作业组人员进行合理安排分工，使每个作业人员明确自己在每道工序中要做哪些工作，这些工作怎么做，先做什么后做什么，每项工作的危险因素及防护措施必须对作业人员交代明白。在专业项目部技术施工部门确认架桥机与结构及支架相关连接全部脱离，辅助支架验收合格，各项准备工作全部就绪的情况下，且架桥机被确认无安全隐患后方可进入前移过孔作业。架桥机前移过孔前，除必须在架桥机上操作的人员外，其余人员一律撤离架桥机。实行统一指挥，指挥信号必须准确及时到达，机械操作人员应集中思想，在外方技术人员的指导下谨慎操作，并严格执行指挥人员的统一指令。架桥机前移过孔的关键是对架桥机重心的控制，因此要求架桥机在前移之前，认真按施工组织设计中架桥机的施工篇及图示进行作业前的施工顺序交底。在施工过程中，外方技术人员应始终在现场进行指导，专业项目部的所有技术人员和操作人员必须服从外方技术人员的指导，严格按外方技术人员提供的操作要领和步骤进行架桥机前移过孔施工。提高安全防护意识，严肃高处作业纪律，随时做好必须的个人防护工作。

六、防撞墙施工

（一）防撞墙脚手架

防撞墙施工用的三角支架，一字支架、落地脚手架、悬挂式脚手架以及安装支架时采用的工作吊篮和配重吊篮车，均应设计计算并编制专项方案，方案必须经过审核批准。安装防撞墙施工用的三角支架，一字支架所采用的工作吊篮及配重吊篮车，必须严格按方案要求选用材料加工制作，并经验收合格方可通投入使用；严禁自行制作不合格的工作吊篮及配重吊篮车。防撞墙施工用的落地脚手架，应按施工组织设计要求进行搭设，并执行现行国家行业标准《建筑施工扣件式钢管脚手架安全技术规范》JGJ 130—2001 的标准要求。防撞墙施工用落地脚手架的架体宽度较小而高度较高，一般其宽度略大于作业通道的宽度，仅 1m 左右，但高度一般为 6m 及以上。架体横向的稳定性较差，因此要求脚手架必须设置横向剪刀撑，横向剪刀撑的间距宜采取每隔 3～4m 设置一道，并在架体的顶部设置拉结（连墙件），拉结宜每隔 4～5m 设置一道。防撞墙施工用脚手架的作业通道宜采用在脚手钢管格栅上铺设竹芭的方法，避免铺设脚手木板不当，产生洞孔或跷头板引发高处坠落事故。防撞墙施工时，按施工顺序，先行安装 1～2 跨防撞墙脚手架，方可拆除该部分桥面临边防护杆件，严禁超范围拆除，同时做好防撞墙支架的临边防护、作业通道密网张设及挡脚板的安装，严防桥面临边防护空缺。在箱梁上安装一字支架时，须在箱梁的翼梁上钻孔，此时只能拆除桥面临边防护的下道杆件，保留上部临边防护杆件进行操作。

（二）防撞墙钢筋、混凝土施工

防撞墙钢筋必须在防撞墙脚手架防护范围内制作，严禁在无临边防护的情况下作业；电焊作业要严格做好防止焊割时火花下溅伤人或引起火警可能的消火花隔离工作，严禁无任何安全防范措施高处焊割作业。严禁高处作业向下抛物，及时做好作业面的落手清工作。防撞墙模板在安装和拆除过程中，作业人员配合一定要默契，模板要直立时，必须保持稳定，严防模板倾翻伤人；采用机械配合模板安装时，应设指挥人员进行指挥。作业人员必须在脚手架的防护范围内、模板的两侧进行操作，严禁作业人员站在脚手架防护杆件上操作。防撞墙浇混凝土时，严禁操作者站在模板上，用手直接推扶混凝土车泵管。应采用用绳索牵拉泵管，以防发生事故。防撞墙施工中所用电气设备，必须事先经过检验，合格后方可投入使用，并经二级漏电保护；电气设备的电源线严禁缠绕或混压在钢筋里，确保施工安全用电。支、拆防撞墙外模的小底模，作业人员必须在防撞墙支架外的底下工作时，作业人员必须系好安全带，挂好保险钩，并有监护人员跟踪监护。防撞墙的模板，一般应平放，单块直立放置时，必须采取可靠的稳固措施，并放置在不影响人员和车辆通行的部位。

第三节　架桥机架梁施工

架桥机架梁最大的优点是不影响地面及河道的交通；跨河道、跨铁路桥梁的架设，除不影响铁路和水上交通外，还可省却起重机械使用时可能产生的种种麻烦，因此被广泛使用在跨径在50m以下、重量在150t以下板梁、T型梁的起重架设作业。

一、施工准备

必须配备相应的防高处坠落、防淹溺（救生衣、救生圈、救生船只）、临边防护、交通安全标志等安全防护设施和相应的救生用品及个人防护用品。若为水上或跨越铁路的架梁作业，还应按航道交通或铁路交通的安全要求在航道、铁路的上空作业区设置相关安全标识和警示。及时到有关部门办理城市交通或航道、跨越铁路施工的相关管理手续。进行安全策划，编制与工程相适应的施工组织设计和有针对性的安全技术措施。编制的重点是架桥机的拼装与拆除、架桥机支腿在墩台上的安装和稳固、架桥机的前移过孔安全技术、架桥机和梁体的横移、作业人员各工序操作时的安全可靠立足点和个人防护、临边洞孔等的安全技术及防护设施的设计；按架桥机的使用要求和现场盖梁及梁体形状的具体情况，设计相应的墩帽固定件和横移方梁，要求墩帽固定件必须牢固可靠，过墩的横梁能满足架桥机前移过孔的要求，并经审批确认合格，方可投入实施。按工程需要配备经行业培训合格持有效上岗证的专职安全管理人员和起重机械驾驶员、起重指挥、起重工、电工、焊工等特种作业人员。从事高处及起重等特种作业人员作业前必须经体检合格方可进行作业。电工、机修工和液压工必须跟班作业。选用与施工组织设计相符合的辅助起重机械。起重机械必须经验收合格后方可进场使用。选用与施工组织设计相符合的材料，按施工组织设计有关要求进行架桥机连接件的加工或整修；若临时补充加工的连接件其材料必须符合原连接件的要求并经有关部门验收合格后方可进行加工制作。架桥机安装完毕使用前，必须经专业检测检验机构检测合格，并出具书面检测检验合格报告后，方可挂牌投入使用。进行分层次的安全教育、安全技术交底和安全操作规程的交底。掌握各种环境条件、邻近高压线路分布情况及起重机械配合安装的安全注意事项等进行逐级书面的安全技术交底。按施工组织设计要求和现场墩帽及梁体形状的具体情况，制作相应的墩帽固定件和横移方梁，墩帽固定件和过墩的横梁制作后必须经技术部门鉴定验收后方可投入使用。按架桥机使用说明书的要求，定期对架桥机进行维修与保养。

二、架桥机的拼装

架桥机一般在桥头的路基上拼装，拼装场地要有一定的工作面，最小场地应不小于长100m、宽10m。场地的地基要有足够的地基承载力，满足架桥机安装亟待荷载试运行的要求（地基承载力的具体要求可参照架桥机说明书）。场地可以设纵坡，但要求平顺，纵坡不能超过3%。架桥机拼装的路基必须经验收合格后方可进入拼装施工。架桥机必须按说明书及施工组织设计要求进行拼装。在拼装前设立警戒区域、挂警示标志，并由专人进行监护。根据测量定位线，采用临时支架进行左、右主梁及导梁的平衡对称拼装时，临时支架应是原厂原配的，若是自行加工制作，则必须符合施工组织设计要求并经验收合格。同时应控制好主梁的直线度（轴线控制），确保主梁线形符合要求，运行时平滑、稳定不抖晃。由于临时支架及架桥机的构件高度较高，在拼装作业前应设置安全可靠的上下设施；作业人员在无防护设施的部位高处作业，必须系好安全带。进行左、右主梁及导梁的平衡对称拼装时，必须设专业施工人员按平衡对称拼装原则严加控制；在拼装的同时应加设临时支承，主梁安装时，应确保前后主梁的临时支承点不少于3处。架桥机拼装采用起重机械配合时，应设专职指挥，严格避免与材料运输、拼装作业的交叉进行，起重机把杆回转半径内严禁有人停留或通过，吊运的构件严禁从起重机驾驶室的上方通过。若采用两台及以上的起重机配合作业时，应确保各起重机械的安全工作范围及安全距离，现场设专职人员及时跟踪协调控制。在盖梁安装上支腿、墩帽固定件和横移方梁时，应提供作业人员上下盖梁的登高设施，并在盖梁的顶部作业面设置供作业人员安全带悬挂保险钩的设施。采用起重机配合铺设钢轨时，必须是单根钢轨两点起吊，并在钢轨与吊索之间设置防滑木。钢轨的连接件及螺栓应放在工具箱内，不得放在架桥机构件上，工具箱应与架桥机构件固定。前、中支腿的横向运行轨道铺设要水平，并严格控制两根轨道的间距，确保两轨道平行、水平；相邻轨道接头的高差不得大于1mm，限位块必须按施工组织设计要求选用材料和制作、固定并经验收合格；已经枯朽、断裂或将近报废的枕木禁止使用。盖梁上枕木根据桥梁横坡调整，保证钢轨坡度小于0.5%，枕木间距不得大于300mm。架桥机上的大小天车限位装置必须灵敏可靠，限位块连接必须牢固，夹轨器应处于正常工作位置。

架桥机拼装完毕，必须组织专业技术人员按架桥机说明书要求进行全面的检查（对于新的架桥机或初次使用架桥机的单位，应请厂方技术人员共同进行核查确认），确认无误后方可进入电气及液压系统的安装调试、架桥机带荷载试运行等工序。

三、架桥机的调试

架桥机的电气、液压操作人员，必须经过专门的培训，事先熟悉掌握操作要领，对于初次使用架桥机的，其操作人员应在厂方技术人员的指导下进行操作。操作时必须严格按相应的操作规程和工作指令，确保架桥机缓慢、平稳地运行。架桥机电气部分的绝缘测试必须在调试前完成，电气及液压系统应在不带荷载的情况下先行调试合格，后进行带荷载调试。架桥机的液压和电气部分以及运行部分的调试，应由专业技术人员进行，同一单元的电气和液压、运行部分不得同时调试。调试时应设技术主管协调控制，确保各类调试互不牵连，过程安全。起吊天车的制动性能，应保证在满负载情况下刹车距离不大于3cm。架桥机调试完毕，必须经验收合格，方可进入试运行。

四、架桥机的试运行

架桥机必须按《施工现场临时用电安全技术规范》JGJ 46—2005规范进行防雷接地。架桥机试运行前，必须将两台起吊天车后退至架桥机的后部（即桥头接坡端），待前支腿调整就位合格后可作吊重试验。起吊天车应采用一片混凝土梁作吊重，但吊重必须在架桥机规定的范围内。天车吊重后应能来回反复行走2~3次无误。运梁平车安装完毕后，应在轨道上往复运行至少两次，若有故障应及时排除，至往复运行正常后方可投入使用。当完成上述空载和加载试验后，必须在对架桥机的各机械、液压、电气结构的紧固件再进行检查，确认无误后进入下一道工序。

五、架桥机的空载纵向前移

按架桥机使用说明书要求，在架桥机驱动纵向前移时，应调整纵坡至小于2‰；架桥机后部用卷扬机牵引保护；将两台起吊天车开至架桥机的后部，起吊两台前运梁平车作为配重，两台后运梁平车必须与主梁连接牢固；起吊天车、运梁平车的走轮处应采用锲块可靠固定。在进行支腿调整时，操作人员在无防护设施的墩帽上高处作业，必须系好安全带。在架桥机驱动纵向前移时，架桥机上应清除可能坠落的物件，架桥机上架桥机纵向前移就位后，必须进行一次全面的大检查。并重点检查横向运行的铺轨情况，确认无误后，将架桥机在横移轨道上运行两次，确认运行平稳后，可进入混凝土梁架设状态（待专业检测检验机构检测检验合格，并出具书面检测检验合格报告后，方可挂牌投入使用）。

六、混凝土梁的架设作业

必须按施工组织设计和架桥机说明书要求所规定的操作程序进行架梁施工。架桥机在工作状态，必须安装轨道两头的挡块和限位开关；架桥机行走时应采用塞铁固定。架桥机顶高支腿下的枕木必须完好无损，枕木垛搭设应按施工组织设计要求进行，各层枕木之间应可靠固定（如采用蚂蟥钉）。在架设第一跨梁前，应检查中支腿横移方梁下的基础是否坚实，严防架梁过程中该部位架桥机突然下沉。架桥机吊梁前，应调整前、中支腿的高度，使架桥机主梁水平或上挠5~10cm；在架梁过程中，混凝土梁后部应采用卷扬机牵引，防止梁体下滑。第一跨梁的架设，因架桥机刚开始使用，不得追求架梁速度，宁慢勿快，安全第一。在梁的起吊过程中，禁止突然制动后又突然下降，禁止起吊和纵横向移动同时进行；不准超负荷运行、不得斜吊作业，严禁架桥机及机械、液压和电气带病工作、边梁挂架千斤顶起吊边梁时，承压装置必须定在钢轨上。架桥机的两台起吊天车携带梁体纵向运行前，前支腿、中支腿的上部必须与各自位置的主梁的下弦锚固。架桥机上、下坡架梁时，应使架桥机主梁坡度小于1‰；坡度过大时，必须在盖梁上应设置预埋件，按架桥机说明书要求制作排架，将排架与盖梁可靠锚固后铺上钢轨供架桥机前支腿在排架上运行；关于盖梁上的预埋件和排架的制作及锚固等的工艺、安全技术措施必须在施工组织设计中明确。架桥机架设有纵坡的桥梁，在架桥机纵向移位时，必须用卷扬机牵引保护，严防溜车；加梁时应有防止架桥机溜车的固定措施。待架梁的盖梁顶部作业面，必须设置供作业人员安全带悬挂保险钩的安全设施。当边梁纵向进入跨内时，需要落梁后改用边梁挂架重新起吊边梁，再整机横移使边梁就位，此时边梁定位、稳固和脱钩的作业人员处于悬空操作状态，因此必须系好安全带。在跨越铁路的架梁作业前，应进行精心的组织，严格按铁路管理部门批准的时限完成作业。架桥机在跨越铁路架梁时，应检查架桥机及梁体上是否存在可能坠落的物件，严禁在架桥机及梁体的任何部位携带钢轨、枕木及其他任何物件和工具。夜间架梁施工必须配置足够的照明，工作用电等必须采用安全电压。在架桥机上，应根据具体作业的需要，按《建筑施工高处作业安全技术规范》JGJ 80—91的要求配置防护栏杆、上下梯、人行通道等安全设施。已架设梁体的桥面，必须跟踪设置临边防护设施。

七、架桥机的前移过孔

架桥机必须空载前移过孔，在前移之前，应对架桥机的行走系统及电气、液压系统进行详细的检查，并进行试运行，以确保架桥机在悬臂状态前移过孔时不发生任何故障。架桥机的空载前移过孔必须在白天进行。架桥机在跨越铁路前，应在盖梁的两端上事先铺设横移轨道，待架桥机跨孔后能立即支好前支腿以提高架桥机的稳定性。起吊天车必须与主梁可靠固定，严防起吊天车向前滑移，造成架桥机倾覆。架桥机在跨越铁路前，应检查架桥机上是否存在可能坠落的物件，严禁在架桥机的任何部位携带钢轨、枕木及其他任何物件和工具。架桥机空载前移过孔前，必须按说明书及施工组织设计要求调整和控制好导梁悬臂的挠度。在跨越铁路时，应将架桥机前移至指定位置待命，接到前移过孔指令后必须在铁路管理部门指定的时限内（一般为20min）跨越铁路，整个动作一气呵成不允许停顿。一般情况下架桥机空载前移过孔也必须一次完成，不允许停顿。遇台风、暴雨等恶劣气候，必须停止架桥机的空载前移过孔作业，使架桥机处于非悬臂的正常工作状态，切断电源，并采取可靠措施进行稳定和加固。架桥机空载前移过孔就位后，必须立即按规定做好各部分的支撑、稳定和防雷接地、防护设施等工作；将起吊天车等滑动设施进行可靠固定；清理架桥机上的杂物，严防高处落物。

第四节　挂篮法桥梁施工

桥梁跨越河道的主跨箱梁结构大都采用挂篮法进行施工，从一端的0号块开始向河道另一端的0号块逐步推进施工，两端同时进行。挂篮的固定由两端0号块的承重支架上起，逐步前移固定至前段已施工且达到设计强度要求的钢筋混凝土箱梁段上；即：施工一段箱梁，挂篮向前移动一段，在按施工组织设计的要求可靠固定后，进入下一段的箱梁施工，由两端向中间合拢，直至整跨箱梁施工到位。整个施工过程时间较长、工序复杂、技术要求高、整体的统一协调、同步控制有一定的难度，而且在施工中必须始终确保主航道的安全通行。

一、施工准备

必须配备相应的防高处坠落、防淹溺、临边防护、防船只撞击脚手架、航道安全警示、航道交通安全标志等安全防护设施和相应的救生用品及个人防护用品。按航道交通安全要求在航道上空作业区设置相关安全标识。及时到有关部门办妥航道上空施工的相关管理手续。进行安全策划，编制与工程相适应的施工组织设计和针对性的安全技术措施，重点是挂篮承载安全性能的计算和验算、作业人员的安全操作通道和可靠立足点、临边洞孔等的安全防护设施的设计并经审批确认合格，方可投入实施。配备经行业培训合格持有效上岗证的专职安全管理人员和起重机械驾驶员、起重指挥、电工、焊工和起重工等特种作业人员。选用与施工组织设计相符合的起重机械，所有起重机械必须验收合格方可进场使用。选用与施工组织设计相符合的材料，按施工组织设计有关要求进行挂篮制作；挂篮的所有材料必须经有关部门验收合格后方可进行制作。挂篮制作完毕后，必须组织技术、设备、安全等部门根据施工组织设计有关条款进行逐项验收，经验收合格，方可投入使用

(当专业检测检验机构受理挂篮检测检验业务时,挂篮必须经专业检测检验机构检测检验合格,并出具书面检测检验合格报告后,方可投入使用)。进行安全教育、分层次的安全技术交底和安全操作规程的交底。掌握各种管线及水文、地质等情况并进行逐级书面安全交底。

二、挂篮的制作

挂篮应严格按施工组织设计要求进行制作,在制作挂篮的承重结构时同步制作挂篮的施工操作通道。制作挂篮的所有材质的钢材,必须要有表明钢材物理性能和化学成分分析的材质合格证书,其各项指标必须满足施工组织设计的规定要求。钢材锈蚀严重,有弯曲、扭、裂缝、脱层、夹灰等现象禁止使用。对轻微弯曲的钢材,可进行修整,用碾压机械调直,但不能超过规定要求。对于零星部件,可以锤击修整。钢材制作加工时,一般宜采用锯割的方法,不宜采用气割,以免破坏钢材的原有强度。钢材的钻孔:成孔的直径必须为正圆形,且垂直于板面;孔缘应平整无损无毛刺。孔眼的直径公差应符合施工组织设计要求。焊接:焊接连接的形式为平接、搭接和顶接三种形式,其角钢与钢板、圆钢与钢板、圆钢与圆钢、角钢与角钢之间的焊接必须满足规范设计要求,在挂篮制作设计中予以明确。焊接缝还必须满足规定的构造要求。

三、0 号块承重支架

由于 0 号块正处于河道边的水中,为确保承重支架搭设工作不在水中进行并确保承重支架不浸在水中,因此必须按施工组织设计的要求在该部位进行围堰。0 号块搭设的承重支架主要作用是支承挂篮及施工所有的负荷,因此必须严格按施工组织设计方案先进行地基处理,待地基处理符合要求并经验收确认合格后,方可进行承重支架的搭设。承重支架一般采用扣件式钢管满堂支架和钢结构贝雷支架两种形式。当采用扣件式钢管满堂支架作承重支架时,应遵守《建筑施工扣件式钢管支架安全技术规范》JGJ 130—2001 的要求,按施工组织设计要求规范搭设。当采用钢结构贝雷支架作承重支架时,钢结构贝雷支架及连接构件必须经验收合格。验收的主要内容是构件的材质及规格、外形尺寸、焊接部位的强度、锈蚀程度、可连接方式及连接部位的精确度和形变等。采用起重机械进行配合吊装时,应满足起重吊装作业的安全技术操作要求,并满足先下后上,稳固一层再向上逐层吊装的要求。按施工组织设计要求,对钢结构贝雷支架的每一层进行连体稳固,层与层之间应随构件吊装同步进行连体稳固,同样设置纵、横向剪刀撑及水平剪刀撑。对于施工作业的脚手部分,应按施工组织设计要求与承重部分同步分体建立,并遵守《建筑施工扣件式钢管支架安全技术规范》JGJ 130—2001 的要求。无论采用何种承重支架,都必须在搭设过程中进行分部验收,尤其是支架的基础验收;整个承重支架搭设(安装)完毕,经验收合格后方可投入使用。

四、挂篮的安装和使用

挂篮在安装前,必须在陆地上进行预拼装,预拼装的挂篮经检验确认其综合性能达到设计要求后方可进入安装施工。挂篮必须按施工组织设计规定的安装顺序进行安装,在每个顺序中,都要验算其抗倾覆的稳定性,严防其倾覆。

（1）主桁架安装时，必须进行抗倾覆验算，必要时，在主桁架的下方增设临时支点或拉杆。

（2）底模托架安装时，必须进行抗倾覆验算，并调接压重量或采取后锚措施。

（3）压重安装时，必须进行抗倾覆验算，一般情况下，压重安装与挂篮底模架应交叉进行，每压重一次，都应进行抗倾覆验算。

挂篮施工大都在河道的高墩上进行，除大型构建的运输和安装必须制订完整的技术方案外，对某些省略了0号块部位的承重支架的施工，其主桁架的安装必须制订特殊的安全技术措施。挂篮行走系统的滑槽下应垫木方，滑槽必须平整，滑槽内应架设钢板，支座下应设滑板，以减少挂篮移动时的摩阻力。安装挂篮时，滑槽内的支承点应有可靠的防滑出的措施，严防挂篮滑出桥面，造成重大安全事故。锚固系统是确保挂篮施工的重要部件，必须确保各部件的材质合格，规格应符合施工组织设计要求且无受损现象，使之有足够的机械强度，能承受锚固的拉力。锚固预埋件一般承受垂直的拉力，在挂篮制作前，必须做承载力试验，其安全系数为2，若遇特殊情况，锚固件须倾斜设置时，应进行挂篮承受侧向力的验算，并增设水平传力杆。挂篮设计时，支点位置应设置在混凝土箱梁的肋上，以免箱梁顶板承受较大的集中荷载而遭受破坏。特殊情况下支点无法设置在肋上时，应在支点的下方加设路基箱钢板。挂篮提升系统中的千斤顶等不宜焊接固定的设备或装置，应合理采取固定措施，防止因千斤顶等物件坠落造成伤害事故。千斤顶提升的钢吊带，必须采用保险钢销作为安全装置。钢吊带与钢吊带的连接，除设置钢销外，还必须在吊带钢板连接点的两侧焊接增强抗拉的钢筋。以固定并加强钢吊带的连接。钢吊带应平直，不能弯曲，多根钢吊带安装时，应保持在同一平面上。由于钢销的材质与规格不同，必须按施工组织设计要求选用，不得用不符合设计要求的钢销代用、混用。对于挂篮后面下横梁在箱梁内底板上设支承点的，该支承点处箱梁混凝土的受力必须经过计算用钢筋加强，加强钢筋网格还必须经过试验结合计算要求来确定钢筋网的规格和间距。用挂篮施工前，应按航道部门的具体要求，结合施工组织设计和航道的实际情况，落实安全防护设施和限高标志等相关标示、警示，河道通行限制的通告等措施，方可进入挂篮施工。挂篮的上、下层必须设专用的安全登高设施，挂篮的四周应规范设置临边防护，并设踢脚板，用密目网全封闭(包括挂篮的底部)；挂篮的危险、重点部位，应设针对性的警告标志；对于有坠落危险的作业部位，应设置供作业人员悬挂安全带保险钩的安全装置。挂篮运行前，必须进行加载试验，以确定各承载部件是否达到设计要求。加载的重量应略大于设计最重的箱梁段的重量。加载顺序应模拟箱梁段浇筑钢筋混凝土时的加载方法进行。挂篮钢吊带的收、放必须同步一致，若个别钢吊带收放过度，会引起局部集中负载，对挂篮的受力不利。吊带收紧后应检查各钢吊带受力是否均衡，否则应重新调整钢吊带的受力。挂篮行走槽钢的接头部位必须平整，不应有高差，接头应采用焊接固定。挂篮行走时应统一的指挥，缓慢进行；两侧牵引的卷扬机必须同步一致工作，严防挂篮行走偏位造成挂篮受扭力破坏造成事故。挂篮行走应在张拉作业完成后进行。挂篮在行走移位前，应检查挂篮的安全防护设施是否完好、行走时是否有物件会发生坠落、是否会损坏电源导线、挂篮行走范围下方河道的航道交通是否封闭等，必须将隐患全部排除并确认无误、挂篮上无关人员全部撤离、行走移位各作业人员接受交底明确并到岗后，方可进行挂篮行走作业。挂篮行走移位时，两侧的滑槽必须设专人看管，当发现滑槽某处运行受阻或其他异常情况时应立即将信息传递给指挥人员，停止挂篮行走，待故障排除确认无误后，方可继续作业。一旦挂篮行走移位，该段箱梁桥面将形成无临边防护的作业面，此时必须立即在该段箱梁面规范设置临边防护，随挂篮的行走位移跟踪设置。

五、临时用电

挂篮施工的全过程，必须设专职电工及机修工跟班作业，及时进行检查、维修。电工应在确保施工用电的同时，确保施工用电的安全和警示灯等用电安全系统的正常运行。应在挂篮上合适的位置设置总配电箱，由地面配电系统用经测试合格的五芯电缆输电；该总配电箱和五芯电缆的规格容量，必须满足施工组织设计的要求；电缆的全长不得有接头，电缆应在挂篮上用绝缘子可靠固定。挂篮施工的用电设备，必须达到三级配电二级漏电保护。挂篮等金属构件均应进行可靠的保护接零（地），必要时，应进行防雷接地。所有电动设备设施，必须设置防雨棚。在箱梁梁体内进行作业，应采用安全电压作照明。

六、箱梁施工

所有作业人员，进入施工现场必须遵守安全生产六大纪律，并严格遵守高处作业、起重作业和水上作业的有关规定。采用吊运的方法运送钢筋等材料必须先将材料吊运至卸料平台（第一段箱梁施工）或已达到设计强度的箱梁上，用人工传递到位。人工运送材料，应有牢固的施工通道，防止作业人员因行走不稳摔倒而发生人身伤害或钢筋等材料向河道中坠落引发事故。测量、木工、钢筋工等作业人员，必须在挂篮防护设施的安全防护范围内进行操作，严禁作业人员在挂篮防护设施外或站在防护设施顶部进行操作。在箱梁体内从事张拉作业的人员，应遵守张拉作业安全操作规程，在有坠落危险的部位张拉作业必须系好安全带。

七、合拢段的箱梁施工

合拢段施工时，由于两端的挂篮已将近靠拢，拆除一端的挂篮后，其桥面纵向的端部将出现1~2m左右的空当，此时最易发生高处坠落和高处落物事故，因此必须及时做好空当部位桥面的安全防护、临时禁止该部位下方通航、禁止作业人员直接从空当部位跨越或攀爬。

第五节　T型梁的水平运输

一、施工准备

T型梁运输的现场踏勘：组织有关人员到T型梁运输可能经过的路线，了解路面、路宽、沿途各转弯半径、桥梁限宽限重、跨越交通道的电气线路高度等情况；城市内超长构件运输，必须会同交通管理部门进行交通组织，设开道车，局部封锁交通等。T型梁制作场地的现场踏勘：主要了解场地内是否有架空电线路影响T型梁的起吊、现场大型车辆的进出口、转弯半径是否满足需要、车辆通道的地基是否符合要求等情况。根据现场踏勘的情况选择最佳运输路线，制定交通运输方案报交通管理部门审批。根据有关法律法规、标准规范的要求，结合现场踏勘的综合情况，编制施工组织设计，明确作业方法、程序和劳动组合，并针对性编制安全技术措施。配备持证上岗的专职安全员、电工、起重工、起重机械驾驶员等人员，满足施工组织设计劳动组合的要求。对于所有施工机械，应在使用前组织验收，尤其是桥式、门式等大型起重机械的工况、安全装置的状态必须满足规范要求。未经检验合格的机械设备，严禁投入使用。按施工组织设计要求对大型机械的工作地基、大型运输车辆通道的地基进行处理并进行验收；对于卷扬机的地锚、T型梁上托架——支撑——绑扎固定后，使用前应进行验收。对所有作业人员进行安全教育、分层次的安全技术交底和安全操作规程的交底。对T型梁的运输作业人员进行道路综合情况、运输过程的安全要求、运输路线等的详细交底。

二、现场T型梁的水平移位

现场必须设置警戒区域并设专人进行监护，严防无关人员进入现场。T型梁在进行水平移位时，应设置统一的指挥，具体协调和指挥各项作业的统一进行。T型梁的水平移位，一般采用在T型梁两端用油泵起顶梁身后，在其下方插入托架和聚酯氟乙烯塑料滑板，或采用插入托板加滚筒后两端分别用卷扬机牵引的方法进行。无论哪种方法，都要涉及T型梁的横向稳固问题。为确保T型梁的横向稳固。在T型梁的下方设置的托架或托板及支撑材料，必须按施工组织设计要求加工制作，并经验收合格。确保托架或托板和支撑有足够的刚度。托架或托板应支设在T型梁吊点的下方；对于长度较长的T型梁，应按施工组织设计要求增设托架。T型梁必须按施工组织设计要求进行横向支撑，支撑应有固定措施，当支撑全部称支撑到位时，应选用符合施组要求的钢丝绳，从T型梁的上部通过支撑向下至托架绑扎并用符合施组要求的手拉捯链收紧，使T型梁——支撑——托架(托板)形成一体，在水平移位时不会晃动；这道工序，必须经验收合格后方可进入T型梁水平移位作业。T型梁水平移位时，两端的卷扬机应同步应缓慢进行，任何时刻都必须保证T型梁横向的稳定性。在卷扬机牵引T型梁的钢丝绳以外的50m范围(包括钢丝绳转向部分及转向滑轮)设立警戒区域，专人看守，禁止人员进入；转向滑轮处应有防护措施。牵引T型梁的卷扬机应采用调速卷扬机，在慢档缓慢操作，当卷扬机牵引阻力过大时，应停机查明原因，排除障碍后继续工作，此时切勿将卷扬机挂到高速挡硬拉，以免拉断钢丝绳或将T型梁大幅度移位造成倾覆。对于每一根T型梁，一旦经水平移位，必须装车运走，否则应将T型梁恢复到原来的稳定状态，严禁T型梁上了托架后，未采取可靠的稳固措施而长时间搁置。

三、T型梁现场起吊装车

起吊T型梁的机械设备和索具吊具在起吊T梁时，应先行试吊，待试吊满足要求后方可进行吊装上车。T梁装车作业时，应设警戒区域，禁止梁底有人停留或穿越。应基本确定运输车辆的位置，待车辆进入吊装位置后，方可进行T梁的起吊装车；吊装时，T梁不得在车辆驾驶室的上方、驾驶室内不准有人；运输车辆未可靠制动不得装车(含挂车部分)。T梁一旦上车定位，必须立即按施工组织设计要求对T梁实施支撑等稳固措施，稳固措施实施经确认无误，方可松钩。T梁装车后车辆行走前，必须按交通部门的要求设置警示灯等安全标示。T梁运输途中应设专人跟车，并配备千斤顶、钢丝绳、捯链、手电照明等必备用品,以防运输途中车辆或 T 梁因振动等不利情况产生的故障、松动等的应急使用。T 梁的运输车辆必须严格按施工组织设计中的交通路线在开道车的带引下行走,不得私自变更行走路线。若 T 梁车在运输途中发生故障,随车人员不得私自离开,应将车辆停靠在地基坚硬且不影响交通的路面上,并打开双跳灯,设警示标志;进行求援联系。

第六节 单跨系杆拱桥拱肋的吊装施工

对于先拱后桥的施工工艺,拱肋的吊装施工是系杆拱桥施工的重点和难点。本文以单跨系杆拱桥为例简述。系杆拱桥的跨径较大,一般约为 100m 左右,故自重量相当大,单榀拱肋约为 150t 上下。拱肋一般分为三榀,为便于运输,每榀又可为分段制作,在现场拼装后每榀整体吊装。由于拱肋的拱轴线为二次抛物线,因此其矢高将达到 25m 左右,起吊提升高度大为提高,所采用起重机械的吨位亦相应提高,进而对起重机械工作地基的要求亦随之提高。

一、施工准备

必须配备相应的防高处坠落等安全防护设施和相应的个人防护用品。在作业区危险部位设置相关安全标识。进行安全策划,编制与工程相适应的施工组织设计和有针对性的安全技术措施。按有关法律法规、标准规范的要求选择确定拱肋吊装的起重机械。对拱肋吊装机械的工作地基、拱肋拼装场地承载能力进行计算、验算并由地基处理方案。支架和作业人员的安全操作通道和可靠立足点、临边洞孔等的安全防护设施的设计,满足动态吊装需要的辅助支架的设计和使用。拱肋运输的安全要求、运输路线及交通组织。拱肋运输到现场后吊装的安全施工顺序、航道安全。按施工组织设计要求以多角度多方位投光的原则,设计夜间大型起重吊装作业的照明。配备经行业培训合格持有效上岗证的专职安全管理人员和起重机械驾驶员、起重指挥、电工、焊工、架子工等特种作业人员。选用与施工组织设计相符合的起重机械,所有起重机械必须验收合格方可进场使用。选用与施工组织设计相符合的索具、吊具,并须经有关部门验收合格后方可投入使用。进行安全技术交底和安全操作规程的交底。施工现场设置警戒区域并设专人监护。为保证拱肋的运输、吊装的过程安全,必须对每一个施工作业面设置专职安全员及监控人员。实行起重吊装作业的"吊装令"会签制度,重点为:起重机械的工作地基及大型运输车辆的行走通道未经验收合格、起重机械及索具吊具未经验收合格、支架未经验收合格、现场照明不符合要求、劳动组合不满足施工组织设计要求、作业人员未经安全教育和安全技术及安全操作规程交底、墩横梁的混凝土强度未达到要求或未经横向张拉、大风大雨等恶劣气候均不予签发吊装令。

二、拱肋运输

组织拱肋运输人员到已确定的拱肋运输路线,了解路面、路宽、沿途各转弯半径、桥梁限宽限重、跨越交通道的电气线路高度等情况。运输车辆必须在拱肋装车前,做好例行保养工作。并重点检查其制动、主承载部件、方向器、灯光等关键部位装置,必须保证性能良好，避免车辆在运输途中产生故障而引发事故。拱肋装车后固定的方法和固定所采用的索具、大型构件运输车辆警示信号设施，必须符合施工组织设计和交通管理部门的要求。拱肋装车固定、警示信号设施安装完毕后，必须经过专职安全员检查检验，确认合格后方可放行。拱肋吊运装车，应事先确定最佳停车位置，汽车就位拱肋吊运装车时，驾驶人员必须关闭发动机、拉好手动刹车，放上垫木固定车轮，离开驾驶室至安全位置等候。挂车在挂设、脱离时，作业人员应在车辆停妥后进行，严禁车辆在动作时进行挂车挂设或脱离作业。拱肋运输车辆的行走路线，必须严格按施工组织设计所定路线运行，不得私自变更行走路线。

三、单榀拱肋的起吊翻身和定位

拱肋的吊点，应严格按施工组织设计要求选用材料、加工制作；在拱肋起吊前，应根据施工组织设计要求，沿拱肋全长规范搭设支架(亦可采用定型化、工具化的产品支架)，供作业人员进行起重挂钩脱钩、三榀拱肋的连接等高处作业使用。支架及拱肋的吊点应经有关部门验收合格后方可投入使用。为了能使拱肋起吊后从拼装的横卧状态改变为竖起的直立状态，一般采用两台主起重机在主吊点起吊拱肋，另设两台起重机起吊拱肋的端部，作为辅助吊装。由于四台起重机的距离较远(隔岸)，起吊时，应设分级指挥，明确起重指挥信号(应采用对讲机)，起重机械操作人员应集中思想，谨慎驾驶。两台起重机抬吊时，起重指挥人员应能在看到整个构件的同时，能看到两台起重机械的驾驶人员；起重机械驾驶人员在看到起重指挥的同时，能看到构件吊装过程的全部。当起重机与拱肋所有吊点的吊索安装完毕后，应按施工组织设计要求设置缆风绳，并进行试吊。通过试吊再次检查起重机械的地基和位置、缆风绳的地锚等是否符合要求，作业人员是否真正掌握了交底内容等的综合情况，在各项内容均符合施工组织设计要求后方可进入拱肋吊装。在拱肋正式起吊翻身前，应对起重机械驾驶人员、缆风绳控制人员再次进行操作过程和操作要领的交底；现场作业区吊装、翻身部位无关人员应全部撤离。单榀拱肋的起吊翻身是通过两台主起重机在多个主吊点处起吊，两台辅助起重机在拱肋的两个端部进行起吊，将拱肋自地面平行地起吊至一定的高度(略大于拱肋矢高的高度)，此时主起重机继续起吊或略作提升，而端部的辅助起重机却开始下降吊钩来实现拱肋翻身。单榀拱肋翻身竖直后缆风绳的控制十分重要，应同步与拱肋的位移方向并适度控制其位移量，配合拱端部进入拱脚定位。单榀拱肋就位固定，起重机松钩后，其竖直横向的稳定性完全依靠缆风绳来进行稳定。在拱肋的两端桥墩位置，应搭设支架并与拱肋上的支架规范连接。第二、第三根拱肋的安装与第一根安装相同。当第二根拱肋安装就位后，必须进行水平支撑系统的安装，使两根拱肋形成整体，水平支撑系统的安装固定后，再进行第三根拱肋的安装。体外索应在拱肋吊装后进行。整个拱肋的吊装，应充分做好准备工作，连续进行直至全部工序完成。

第五章　江、海桥梁工程

第一节　船舶作业安全规程

为了确保船舶在航行、靠离桥墩、潜水作业与锚泊时的安全,制定本规程作为船舶作业的指导文件。本规程适用于海中钢管桩水下焊接以及船舶作业。

一、船舶安全技术要求

参加施工或配合施工的所有船舶必须符合船检、海事局与大桥指挥部的有关规定,必须经海事局海事处及大桥指挥部认可,颁发相应证书方可投入施工。各施工船舶必须保证性能良好,每15d定期自检一次,如发现问题应及时修理,确定完好后方可参加施工作业。所有船员必须持有相应岗位的有效证书。所有登船人员必须遵守船舶航行规定,必须穿着救生衣,进入施工作业现场的人员必须带好安全帽、穿工作鞋。船舶在海上航行、靠泊、作业与锚泊期间,应按要求定时与岸基项目部总调度值班室保持联络。各作业船舶应配有足够的消防器材与救生器材,每条作业船舶配有救生筏(15人)一只、救生圈4只、救生衣20件,配备灭火器4只、沙箱2个。登船人员严禁超员。作业人员登船与离开船舶时应到船长处登记,船长应认真记录船上人员动态。对作业船舶上的救生衣进行编号,登船人员按编号使用救生衣。登船人员应按照船长的要求使用铺位,不得随意调换。在床铺休息时,救生衣应就近存放,以备发生应急情况时穿着方便。各作业船舶应规定逃生路线,船长应组织登船人员进行消防、救生与弃船演习。

二、靠离桥墩

停靠桥墩前应认真观察桥墩周围海况,掌握海水流向与风向。需抛锚时,应详细了解所靠桥墩区域海底情况,以防挂断海底光缆及输油管道。应尽量利用顶流停靠桥墩。作业船舶停靠桥墩时,应利用靠碰球隔垫,严禁猛烈撞击桥墩。船停靠桥墩后应带好首缆和尾缆,并根据流向带好倒缆,使作业船舶与桥墩保持一定的距离。

三、施工作业

船舶停靠桥墩施工作业时,白天应悬挂信号球与信号旗,夜间警示信号灯。进行潜水作业时,船舶应挂潜水作业旗,作业船严禁移动。在进行潜水作业期间,船长应认真观察海况,并收听天气预报,当海况与气象条件不适宜作业时,应及时停止潜水作业,并迅速收缆离开桥墩。在进行潜水作业时,扯管员应抓紧软管,并根据潜水员的需要随时收放软管。在进行潜水作业时,必须备用一套供气源并与原气源连接,一旦原气源发生故障,可及时启动备用的气源供气。在进行潜水作业时,潜水员与水面上的通讯联络员必须保持畅通，水面上的电话员与潜水员应按规定保持通话。当有潜水员在潜水作业时，水面上应配有预备潜水员，以备水下潜水员发生紧急情况时进行救助。夜间进行潜水作业时，作业船上必须配有足够的照明灯具。为了确保船舶与登船人员的安全，在特殊情况下，船长有权拒绝执行施工命令，可自行决定停工抛锚或返航，但事后必须向项目部说明原因。与其他单位船舶在同一区域作业时，应提前了解对方的通讯频道，以便在应急时能够进行通讯联络。

四、船舶锚泊

各船舶抛锚前应详细了解抛锚处海底情况，以防挂断海底光缆或输油管道。船舶锚泊须选择适当的地点抛锚，锚泊地点应远离大型作业船舶与通航航道，一般应在1海里以上。船舶抛锚后，应悬挂抛锚信号球与信号旗，夜间开信号灯。各船舶在锚泊期间必须昼夜安排人员值班，随时注意观察船舶状况，当发现走锚、锚缆断损及其他船舶碰撞等紧急情况时，应立即报警，船长及时组织采取应急措施。各船配置的首锚重量与锚缆强度必须满足船舶锚泊要求，应定期检查锚缆的磨损情况，当锚缆磨损断股超过30％时须更换新锚缆。主机出现故障的船舶，维修期间应在安全的锚泊地点抛锚，如在施工现场锚泊维修，必须安排专门船舶守护，以便随时处理应急情况。

五、船舶航行

船舶航行时应注意航行安全，夜间航行应开航行灯。船舶在雾天及海上能见度低于500m时严禁航行，船舶在雾天锚泊时应按规定鸣放雾钟。

六、应急措施

应急弃船时，大副负责放救生筏并指挥人员顺序登船。当发生应急情况时，执行《应急预案》的有关规定。

第二节 水下焊接作业

为了保障潜水人员在水下电焊作业的安全，制定本规程作为潜水员进行水下焊接作业的指导文件。本规定适用于水下焊接作业。

一、注意事项

焊接电缆和电焊把的绝缘必须良好，焊条夹头必须可靠、耐用。在焊接回路中必须安装一个闸刀开关，闸刀由专职电工掌管，进行焊接时必须断电。必须严格控制闸刀开关，未接到水下潜水员的口令，严紧接通或切断电源，接到潜水员的口令后，应先重复口令再执行闸刀开关通断作业。潜水员不在水下进行焊接作业时，应严防焊条或焊把触及水下设施的金属构件。在焊接作业前，应了解焊件情况，选择适用的焊条，焊条消耗至剩余50～60mm时应予以更换。

二、防止水下触电措施

施工前，应对潜水员及潜水焊工进行安全技术交底并经安全用电教育，使其了解并掌握安全用电常识，提高安全意识。水下焊接的电气设备应进行绝缘性及水密性检查，达不到技术要求的，严禁投入水下使用。潜水焊工进行水下焊接作业时，必须戴绝缘手套，且不能与带电体直接接触。作业前或作业中间，需对焊枪进行检查或修理时，应通知水上人员断电。进行水下焊接作业时，要接牢地线，并使地线与焊具处于潜水焊工的同一侧。在带电的结构上进行水下焊接时，应首先切除结构上的电源，然后进行水下焊接。水下电缆绝缘必须良好，零线必须按规定连接，在电路上必须安装一个开关。

第三节 水上起重作业

一、起重人员资格要求

吊车操作人员必须掌握所操作吊机的性能与操作方法方能上岗作业。起重工应会计算重物的重量和重心位置，可选择适当强度的吊钩、吊索、卸扣等；能根据重物的形态和尺寸确定吊点的位置和系物的方法。起重指挥具备吊车操作人员、起重工的所有条件；明白并会使用起重吊运指挥信号。

二、起重作业前检查

检查起重机械的制动器、离合器与控制器等的安全性能，检查钢丝绳的安全状况。检查中如发现问题，待问题解决后才能使用吊车并做好记录。使用新吊索、钢丝绳和卸扣必须是制造厂家已进行强度标准试验，证明合格的产品。

三、起重机械的使用

吊运作业必须使用标准指挥信号，当吊车操作人员的视野被挡住时，必须停止起重作业。对走到起重作业范围内或重物下的人员，吊车操作人员应立即向其发出警报。在吊车进行起重作业期间，吊车操作人员不准离开岗位。吊车停止使用时，吊钩上不准悬挂重物，起吊工作结束后各锁定装置必须锁牢。

四、起重索具的要求

吊索和钢丝绳一定不能打结。当有重物压在吊索、钢丝绳上时，不能将其从重物下抽出。起重人员不得将手置于吊索与被吊重物之间。接触钢丝绳时必须戴手套，严禁用裸露的手在钢丝绳上滑动。起重作业人员必须清楚被吊物体的重量，严禁吊超过安全工作荷载的任何重物。进行起吊作业前应清除被吊物体周围的阻碍。使用多根绳索吊物体时，应保证每根绳索的负载相等。

五、阳极吊装

在吊装阳极时，应选择好吊挂阳极的位置。在向水中抛放阳极时，指挥抛放的人员应注意施工区域内无人时再抛放，严防将人带入海中。搬运阳极时应注意安全，搬运阳极的人员应穿工作鞋。向水下抛放时，潜水员必须出水。潜水员在水下严禁在悬吊着的重物下工作。拉紧或放松吊索必须按水下潜水员的口令进行。严禁下潜人员沿吊索上升或与被吊的物件一起上升。

六、注意事项

在吊运过程中，如指挥人员、起重工发现不符合上述要求的操作时，必须命令吊车操作人员停止吊运作业，只有纠正后，才能重新开始吊运作业。吊车操作人员在操作时，如发现吊车存在故障或运转反常等情况必须停止吊运作业，只有在故障排除后才能重新开始吊运作业。起重工应定期对所有的起重索具进行维护、保养，对不符合要求或已达到报废标准的应及时更换。

第四节 水下电气作业

为规范电气作业，减少或杜绝电气伤害的发生，制定本规定。本规定适用于钢管桩水下焊接工程所有电气作业。从事电气操作的人员应持有效电工证书，应熟悉电气作业操作规程，并应持证上岗，无证人员禁止进行电气作业。进行电气作业时，应由二人进行，在一人工作时，另一人负责监护。在进行电气作业时，应切断电源，并安排人员进行现场守护，以防其他人员误操作开关送电造成触电事故。进行电气作业时，应严格遵守电气作业操作规程。当带电作业时，应戴绝缘手套，使用绝缘工具进行，禁止触摸带电设备和装置。电器作业结束后，应清理现场再恢复供电。应经常检查电气设备是否存在漏电或短路现象，接地是否可靠，发现问题应及时处理，确保用电安全。应保证供电线路与电气开关绝缘良好及固定可靠，发现问题应及时处理。从事电气操作的人员应配备必须的安全防护用品和工具，包括：防护眼镜、绝缘手套、绝缘垫、绝缘凳或绝缘鞋、工作服、绝缘良好的工具等。

第五节 空气压缩机作业

一、开机前检查

开机前应检查曲轴箱中的润滑油，当油面低于油标下限时，需添加相应的机油至油标上限。检查是否有松动的螺栓，若有螺栓松动，请紧固。检查皮带张力是否适宜。如果用手指轻轻压三角皮带，皮带下陷 10mm 左右，表明皮带张力是适宜的，否则，松开电动机底角螺栓，沿托盘方向移动，以调节皮带张力。

二、试验运行

首先重复启动 2~3 次，检查压缩机转动是否正常，压缩机是否按安全罩上箭头的方向转动，冷风吹向压缩机。如果转动方向与箭头相反，将三根电源中的两根互调一下接线，机器既可进入正常运行状态。工作压力按额定工作压力 1.4MPa 调定。机器在空运转状态 40min 后，慢慢将放气筏关闭，压力逐渐上升，达到额定工作压力。当储气罐的压力超过额定值时，压力开关动作，切断电源，压缩机也随即停止工作。否则，对压力开关进行调节。当储气罐中空气压力超过 1.42~1.48MPa 时，安全阀启动。安全阀的工作压力不能超过 1.6MPa，否则，对安全筏进行调节。

三、运行

运行中应注意下列事项：压缩机的工作压力不允许超过额定值 1.4MPa，以免超负荷运行而损坏压缩机和烧毁电动机。不要用手触摸气缸头、缸体、排气管。如果机器在运行中发生停电，不要忘记切断电源。否则，由于突然来电可能造成机器或人身事故。日常工作结束后，要切断电源，放掉储气罐中的压缩空气，打开储气罐下面的排污阀，放掉冷凝水。

第六节　高压空气压缩机

一、启动前的准备

压缩机曲轴箱内加入压缩机油至视油窗上限位置。转动压缩机风扇轮数转，各连接部件是否有松动迹象。打开压缩机各级油水分离器下面的泻放阀。

二、工作与运转

电动机启动后，方可关闭压缩机油水分离器上的泻放阀，向气瓶内充气。当气瓶内充满 $200kg/m^3$ 压缩空气时，应关闭气瓶上的阀门。并迅速打开压缩机三级油水分离器上的泻放阀，使压缩机处于空负荷运转。取下满瓶，换上空瓶，继续充气。压缩机在工作过程中，应注意各级压力表的指示读数，若发现不正常现象，应立即停车检查。若发现压缩机有漏气、漏油现象及不正常的响声，应及时停车，待故障排除后再继续使用。

三、运行中的注意事项

机器在启动前，须检查压缩机和汽油机曲轴箱内的润滑油是否充足。压缩机连续运转 6～8h 后须停车添加润滑油一次。在每使用 100h 后须更换曲轴箱内的润滑油。若发现润滑油变稀发黑应提前更换。压缩机过滤器中活性炭，用于吸附压缩空气中机油味杂质，当压缩空气用于潜水员呼吸时，过滤中活性炭每使用 30～50h 或嗅到压缩空气中有不正常气味时，应立即更换。压缩机各级气阀每工作 150h 后，应拆洗和清除积炭。压缩机气阀经清洗或更换零部件重新装入气缸使用时，应作低负荷（三级压力保持 $20～30kg/m^3$）运转几小时，使阀片座重新啮合。压缩机在正常工作过程中，各级表压力值如下：

(1) 当三级表压力在 $200kg/m^3$ 时；

(2) 一级表压力在 $6kg/m^3$ 左右；

(3) 二级表压力在 $40kg/m^3$ 左右。

安全阀工作的可靠性，每间隔 6 个月校验一次，校验压力为 $210～230kg/m^3$。严禁在热车高压下拧动压缩机气缸部位及泵压管件上的连接件。压缩机空气滤清器中的泡沫塑料要经常清洗。若发现老化应予以更换。压缩机一级活塞在上止点与气缸顶面之间隙应保持 0.5～0.85mm。压缩机的三级气缸与活塞的配合间隙应在 0.012～0.018mm 范围内。压缩机在 $200kg/m^3$ 工作下，仅半小时运转。

第六章 基坑开挖及支护工程

第一节 基本要求

基坑开挖及支护工程安全应包括基坑本体安全以及周围环境安全。周围环境安全包括相邻地面道路和建(构)筑物、地下管线等设施的安全。

基坑开挖及支护工程设计方案应当包括支护结构、挖土、降水、环境保护、监测等内容，并符合规定的设计文件编制深度的要求，并且应由相应资质的单位负责设计。基坑开挖及支护工程的开挖深度超过5m或者地下室二层以上(含二层)，或者深度虽未超过5m，但地质条件和周围环境较复杂及工程影响重大时，基坑开挖及支护工程的设计和施工方案应委托市建委科学技术委员会组织专家评审或者经认可的其他评审委员会评审，经论证在技术经济上切实可行后方可施行，评审后的实施方案应报相关安全监督部门备案。基坑开挖及支护工程施工应当根据设计文件和设计技术要求，结合工程实际编制施工组织设计或者施工方案。施工组织设计或者施工方案除应当具备常规的内容外，还应当包括环境保护措施、监控措施和应急抢救措施等内容。

建设单位或工程总承包单位应当在勘察前对基坑附近的建筑物、构筑物、道路、地下管线等现状，以及同期施工的相邻建设工程施工情况进行调查，并应当将调查资料及时提供给设计、施工、监测单位。前期的调查范围以基坑边线起，基坑开挖深度3倍的范围为准。邻近地铁、隧道工程或有特殊要求的建设工程，按市有关规定执行。建设单位或工程总承包单位在施工前，应当邀集设计、施工、监理、市政、公用、供电、通讯、监测等有关单位，介绍设计、施工方案，施工可能产生的影响，征询相关单位意见；对可能受影响的相邻建筑物、构筑物、道路、地下管线等作进一步检查；对可能发生争议的部位拍照或摄像，布设记号，并做好记录。对受影响可能发生争议的相邻建筑物、构筑物，建设单位或工程总承包单位应当与相邻建筑物、构筑物的建设单位签订书面协议，并应当委托房屋检测单位进行检测。检测单位应当提出建筑物、构筑物可承受外界影响的。建设工程相邻有多项建设工程相继施工时，各建设单位要采取措施，共同做好协调、配合工作，避免对相邻建设工程的影响和损失。后施工工程的建设单位或者工程总承包单位应当制定安全技术措施，并组织相邻建设工程的建设、设计、施工、监理等有关单位、专家共同参加的会议作审定。

施工组织设计或者施工方案应当按规定进行审批，经批准的施工组织设计或者施工方案，不得随意变动。确需修改时，应当经原批准单位审批同意，并征得原设计单位认可。基坑开挖及支护工程施工单位应当加强对施工现场的安全管理，履行安全技术管理程序，按照审定的施工组织设计进行施工，并对施工现场和周围环境进行监控。施工现场应当按深基坑设计、施工要求配备应急抢险器材和人员。基坑开挖及支护工程施工单位应当加强安全生产管理，严格执行安全生产责任制。施工现场必须采取有效的防范爆破危险、预防火灾、保护环境等防范措施，防止安全事故的发生。基坑开挖完成后，施工单位应当及时进行地下结构工程的施工，严禁基坑长时间暴露。基坑开挖及支护工程监测和相邻建筑物、构筑物、道路、地下管线、地下水位的监测应当委托有资质的工程监测单位承担。并根据勘察报告、设计文件和规范要求，编制监测方案，监测方案应包含监测方法、监测内容、监测频率、监测预警值、监测报警值等内容，方案经审核后方可实施。监测记录应当规范，监测数据应当准确，并及时计算整理，提出合理意见，经审核后报设计、施工、监理等有关单位。工程结束，监测单位应当及时向委托方提交监测报告。监测单位应当及时向设计单位、工程总承包单位通报监测分析情况，提出合理意见。监测采集数据已达报警界限时，应当及时通知有关各方采取措施。基坑开挖及支护工程施工所使用的材料规格、型号、性能、相关参数应满足设计和规范要求。

第二节 围 护 结 构

一、安全要求

地下建筑物和管线保护。围护结构施工前应对施工影响范围内的地下管线和建筑物制定监护方案，并通过下列措施控制周围环境的沉降：

(1) 对于有挤土效应的围护结构应制定合理的施工流程，或打设应力消散孔，以减少挤土效应。

(2) 对于可能造成周围环境沉降的围护结构，应合理划分围护结构施工段长度，并配合其他加固措施，以控制周围环境沉降。

泥浆护壁的围护结构使用泥浆的物理和化学性能应能满足槽壁或孔壁土体稳定不塌方，并有控制泥浆质量和泥浆夜面的措施。

搅拌桩类围护结构深度、断面尺寸、强度、刚度、抗渗性能应满足设计要求。搅拌桩类围护结构应连续施工，其水泥掺入量和水泥土搅拌均匀性应有控制措施，桩与桩的搭接时间不应大于24h。若因时间过长无法搭接，应在设计单位认可后，采取局部补桩或注浆加固措施，以保证保证围护结构安全。

SMW工法型钢采用分段连接的，其接头焊接质量应满足设计和规范要求，接头的位置的设置应经设计认可。

地下连续墙各单元槽段之间所选用的接头方式，应符合设计要求。接头管（箱）应能承受混凝土的压力，并应有防止混凝土绕过接头管（箱）进入另一个槽段的防绕流措施。地下连续墙接头应有清刷措施，以确保后行幅地墙和先行幅地墙可靠连接不夹泥、不渗漏。地下连续墙钢筋笼整体抬吊应有专项施工方案，钢筋笼吊点布置应合理，吊点部位和整体刚度应有加强措施，钢筋笼强度和刚度应满足整体起吊时受力和抗变形要求。

补强和防渗措施。不同围护结构连接处应有设计认可的补强和防渗措施。问题和缺陷处理。在围护结构施工中出现的问题和缺陷，应尽量在基坑开挖前采取有效措施将问题消除，避免将这些问题带到基坑开挖阶段。

二、SMW工法施工安全技术

（一）场地及材料

施工前，必须认真清除地上和地下障碍物，为确保墙体精度，施工场地应平整夯实，必要时铺上铁板。为确保结构内净空及内衬墙厚度，SMW围墙可外放10cm左右或符合设计要求。H型钢的运输、堆放、加工、起吊，尤其是回收后重复使用的，应确保其挺直不扭曲。不顺直的H型钢不准使用。

（二）安全技术

搅拌注浆，搅拌机架应有垂直和水平检测设施，并用经纬仪加水平尺以校核。搅拌机架垂直度偏差不得大于1/400。开挖导向沟后固定定位型钢，在定位型钢上按设计桩位设置H型钢定位卡，定位卡必须准确水平、牢固。严格控制水泥浆配比，确保水泥土搅拌墙墙体强度和防渗性能的重要参数，如无可靠的计量装置则实行水泥量总量和每幅用量（通过水泥浆比重）双控，水泥浆比重应随时抽查。为获得H型钢插入时有较大贯入速度和水泥土强度及抗渗要求，必须严格控制钻机搅拌和压浆的速度，二轴机上提要慢，并做好二喷三搅，而三轴机下沉要慢，且在桩底必须重复搅拌注浆，以保证土体破碎和全桩注浆的均匀性。

当搅拌机压浆搅拌结束应即移位，及时插入H型钢。经纬仪定位保持垂直，对准定位卡，靠H型钢自重下放入孔，如不到标高可用加压和振动到位，如垂直偏差较大，则只能提升重插，以满足H型钢的平直度（指轴线偏差和垂直度）要求。

当H型钢插进设计标高，应吊住固定，至水泥土结硬，才可撤除定位卡。当H型钢到位后，应及时清除置换出的多余水泥土。因H型钢平整度偏差大与钢围囹间隙大小不一，为使支撑及时，采用钢板、快凝水泥砂等能尽快传力的材料嵌填。H型钢如有对接接头则接头必须位于开挖面以下2m，且相邻两根H型钢接头应错开1m以上。相邻桩的施工间隔不得超过12小时，相互搭接宽度应大于20cm。施工中出现的施工缝或冷缝则在外侧做1~2幅素桩，素桩与围护桩搭接厚度约10cm左右。H型钢拔除时其油缸的缸帽和缸体应联成一体防止缸帽脱落伤人。H型钢回收起拔后所留空隙，须用水泥砂浆及时压注充填。

三、地下连续墙

（一）施工准备

锚杆支护，锚杆宜选用螺纹钢筋，使用前应清除油污和浮锈。在富含地下水地层中的，应采取有效措施，防止施工时涌水现象。应经常检查锚头紧固和锚杆周围的土质情况，发现问题及时进行处理。

施工前必须对弃土和废泥浆的处理方法及其位置，路线等进行计划，并报告有关部门批准。必须对驾驶员进行充分的教育和监督，避免土渣散落。

地下墙周围地基必须能够经受机械的振动和压力，必须采取简易混凝土路面，若地基软弱，应采取相应的加固措施。简易道路的宽度不得小于7m。

在泥浆搅拌，钢筋加工挖槽作业等场地，场地内的道路，材料堆放地等处，都要照明设备。泥浆搅拌，钢筋笼加工和挖槽作业区的照明度必须70Lux以上，其他场地为20Lux以上。

（二）安全技术

导墙施工，开挖导沟前，应筑好各种排水设施。土层渗漏水大时，应在沟槽中央挖集水坑用泵排水，以保持基槽干燥，严禁在泡水中挖土。对有碍施工的雨水及旧污水管道，必须进行封堵，杜绝漏水。在粉砂地层挖导沟时，遇边挖边塌或泥沙上涌时，应在导沟中每隔 2～3m 挖集水坑，并放入透水混凝土管，用潜水泵抽管内的水排出。采用机械开挖导沟时，人员应在机械的回转半径以外，如必须在回转半径内工作时，必须停止机械回转并制动，机上机下人员应随时联系。土层松散，表土挖开后侧壁不能垂直处立时，沟槽不宜开得太长，一般 10m 左右并立即进行基础施工。遇到资料上未标明的地下管线，必须立即停止挖土，处理后再继续施工。导墙上的开挖段，应设置防护措施严防人或物坠入。

挖槽作业，停放挖槽机的地面必须平整且稳定性要好。挖槽机的布置既要考虑机具稳定性，又不影响导墙和周围地基的稳定性。挖槽机的起重臂宜采用 65°～70°左右的倾角，挖槽过程中，除修正挖槽中心之外，起重臂只得作回转动作不得有仰俯动作。当出现槽壁坍塌迹象时，必须先将挖槽机具提出地面。上述情况出现后，可用优质土或掺加水泥等掺和料的回填土回填，坍塌处重新挖槽。当预计会有偏土压作用在槽壁上时，可采用提高泥浆比重的同时进行化学灌浆加固地基，也可在局部地方打入钢板桩进行补强等。在进行矩形槽壁开挖时，必须成槽一段后立即进行墙体制作，严禁在沿长边方向的槽壁挖好后，再挖短边的槽壁。采用泥浆反循环挖槽时，应注意不要使泥浆排出量和补给量之间失去平衡。挖槽机操作人员必须严格按照规程操作，其操作规定可参照起重机械的有关安全规程执行。若中途因故停止挖槽则应将挖槽机提出地面。应经常检查挖槽机刃宽度，如有磨损及时修补。若遇地下障碍物，最好采用临时挡土措施将其清除后再进行挖槽作业。挖槽结束后，应尽快浇筑混凝土，缩短沟槽的放置时间。挖掘成槽后，必须及时在槽口加盖或设置安全标志。

钢筋笼加工场地最好能设置在运输进场及钢筋笼运吊入位置均较方便的现场位置。钢筋笼加工用的设备都必须由专人操作，严禁无证操作。操作上述设备的人员都必须严格遵守各处的操作规程。为防止吊装变形，每根钢筋的交接点，均要焊接牢靠，临时绑扎的镀锌铁丝，应在钢筋笼成型后全部拆除。纵向钢筋和水平钢筋的连接可采用点焊，纵向钢筋接头要采用点焊，双面搭接及单面搭接的接头，参照《气焊、焊条电弧焊、气体保护焊和高能束焊的推荐坡口》GB/T 985.1—2008。起吊钢筋笼应采用与钢筋笼宽度相等的吊架（用 H 型钢或工字钢等制作），起重机钢索必须与吊架牢固连接。开始起吊前还必须检查起吊架的钢索长度，使之能够水平的吊起钢筋笼再转成垂直状态。在钢筋笼的头部及中部两处同时起吊，必须注意钢筋笼的下端不得在地面上拖引，或碰撞其他物件。应在钢筋笼下端系上拖绳以人力操纵。钢筋笼需要分段吊入槽段时，要注意不得使钢筋笼产生变形，将下层钢筋笼临时搁在导墙上，然后用纵横两个方向的经纬仪测量上段钢筋笼，在正确的位置上将上下钢筋笼连接起来。钢筋笼进入槽内时，吊点中心必须和槽段中心对准，然后慢慢下降，必须注意不要因起重臂的摆动及风力而使钢筋笼引起横向摆动。如果钢筋笼不能顺利的插入槽内，则应该重新吊出，查明原因，采取措施严禁强行插入。在钢筋笼上贴有泡沫苯乙烯塑料等预埋件时，一定要扎牢固。在大型钢筋笼的正式吊放前，必须进行一次起吊、翻转与载运练习。当风力大于 6 级时，必须停止起吊工作。

混凝土浇筑，浇灌混凝土必须使用导管，导管在使用前要检查是否变形，接头螺栓的损耗程度和焊缝是否脱落等，使用后要及时冲洗干净放好。导管连接要牢固，必须做到完全水密防止漏水，其结构形式应在提长导管时不得碰到钢筋。浇灌混凝土时，导管的底端埋入深度必须在1.5m以上，一般最大不超过9m。当导管内混凝土不易流出时，将导管上下运动，但运动范围不得超过30cm，不允许导管作横向运动。池埋管深度不足时，施工记录员应及时将埋管值告诉导管提升人员，注意操作，切勿提升过高，发生导管脱落事故。漏斗里溢出的混凝土，应全部铲进漏斗或弃至墙外。浇灌时混凝土运输车进出频繁，要设立专职指挥，所有驾驶员必须听从指挥。

锁口管插入，在使用前，必须对其强度部位检查，保证强度。锁口管用起重机吊放，起吊工具必须确保安全，不得在地面上拖拉锁口管，不得使锁口管发生变形。吊放时应紧贴单元槽段的端部和对准导管的中心，保持锁口管垂直并缓慢的插入槽内，必须使锁口管底端完全插入槽底。如发现锁口管插入时倾斜，应拔出插头，如原因是槽壁弯曲，必须对槽壁进行修正后再插入。

锁口管拔出，可使用起重机，锁口管不能拔出时，可利用液压千斤顶的垫座，使用安全系数大的拔管工具予以拔出。锁口管的拔出，在混凝土浇灌完成之后，根据混凝土的硬化程度，依次适当的拔动，不得影响地下墙的强度和形状以及接头的强度和形状。在拔出时，必须每隔一定时间(约30min)将锁口管向上提拔30~50cm，使锁口管和混凝土脱离。如在把锁口管时发现锁口管的上口溢出泥浆，应立即停止提拔。

泥浆作业设备，在选择泥浆搅拌装置时，要充分掌握各种施工条件，应注意以下几点：

(1) 便于使用且无故障；
(2) 低噪声且不使场地泥泞；
(3) 装置小型，便于搬运和安装。

泥浆搅拌设施的上部必须设置顶盖，搅拌时要将四周围起来。泥浆泵使用时，要注意以下几点：

(1) 泥浆泵接线木盖要密封；
(2) 应时刻注意泥浆泵在泥浆槽(池)内的位置，泥浆液面上升时，必须提前提升泥浆泵；
(3) 从泥浆槽(池)内提升降落泥浆泵，必须有2个人配合操作，并且要事先切断电源。

安装储浆槽(池)和泥浆设备的基础必须牢固。要定期对泥浆设备进行维修和保养。振动刷的振荡器基础以及机壳和电缆的绝缘性。离心器在运行时严禁打开盖板窥视。泥浆槽(池)上的直道板要钉横木条，基础设以铁丝网帛的直道板。施工完毕后，也应继续观测地下连续墙周围沉降及本身沉降情况。

第三节 基坑开挖支撑施工

一、基坑开挖申请及审批制度

基坑开挖应建立基坑开挖申请及审批制度，未经审批或审批未通过的工程严禁进行基坑开挖施工。审批流程图如下：

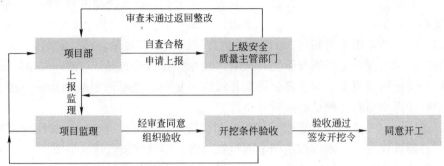

基坑支护设计方案须通过专家评审，设计方案已按专家意见进行修改或优化，并将优化后设计方案反馈给评审单位。基坑开挖专项施工方案已通过规定的审核程序，对审核意见编制补充施工方案，补充施工方案也需通过规定的审核程序，最终实施方案应到相关安全监督部门备案。施工现场已完成勘察和设计交底。基坑围护结构、地基加固已按设计及规范要求完成，围护结构和地基加固强度已满足设计要求。围护结构施工阶段遗留问题已按要求解决，或已制定相应的方案。立柱桩、降水井已施工完成，桩身混凝土强度及降水深度须达设计要求。对基坑周围须保护构筑物、管线等，要调查摸清现有状况，以及能承受变形的能力，并且落实了切实可行的保护措施。各专业分包单位的资质经过审查必须符合有关规定，并已签订施工合同和安全协议。周围环境及基坑监测控制点应按监测方案布置好，并做好初始值的测试工作。对本工程潜在的风险进行辨识、分析和评估，并有针对性的应急预案。施工现场安全、技术交底已按要求完成。挖土设备、支撑材料、预应力施加设备等须通过验收（支撑材料验收可根据施工进度，分阶段进行）。施工现场坑外排水措施已落实。设计及规范以及安全文明施工规定的其他要求。

二、施工准备

（一）降排水

坑内井点降水应在开挖前20d进行，降水深度应达到设计要求，并不得少于坑底以下1m。降水期间应按照设计要求布置水位观测孔，对基坑内外的地下水位变化及邻近的建（构）筑物、地下管线的沉降进行监控，当建（构）筑物地下管线的变形速度或变形量超过警戒值时，可用回灌水或隔水法等来控制降水对周围环境的有害影响。必须在开挖前准备好排水设施，以保证开挖后开挖面不浸水，基坑周边必须有防止地面水流入的措施；同时必须查明并排除基坑开挖范围的贮水体、废旧水管等内的积水。当基坑以下有承压水时，必须采取坑底地基加固或降低承压水等必要的治理措施。

（二）安全措施

开挖前必须备齐经检验合格的钢支撑、围檩、预应力设备、支撑配件以及支撑轴力量测组件等必需的器材和设备，对一级基坑，必须具备好复加预应力的装置。基坑开挖前对开挖基坑四周设置合格可靠的安全栏杆和配置标准的登高设置，严禁登高设施搭设在钢支撑上，基坑四周应设砖或素混凝土的高15～20cm的防水墙，防止地面水流进基坑，基坑栏杆周围必须设置绿色密目网围护。基坑周围长堤内有足够的照明度，基坑内的照明覆盖应不存在暗角。基坑四周的地面，不应堆放重物、杂物和其他散件，防止基坑受压，确保施工人员行走安全，严防杂物滚落基坑内伤害作业人员。

三、基坑开挖施工

基坑开挖时应遵循"分层开挖、先撑后挖、严禁超挖"的原则，其挖土方法和支撑顺序应与设计工况一致。对面积较大的基坑，土方宜采用分区、对称开挖和分区安装支撑的施工方法，应充分重视控制基坑变形，尽量加快支撑施工进程，减少基坑在无支撑情况下的暴露时间。严格控制土方开挖相邻区的土体高差（高差一般不大于 2m）放坡在黏性土层中可采用 1∶1.5（垂直∶水平），基坑开挖较深时，应防止挖土过快、边坡过陡，造成卸载过速而引起土体失稳、基底涌土、桩身倾斜等严重后果。若是混凝土支撑，在进行下层土方开挖前，上层支撑混凝土强度应达到设计认可的强度。除支护设计允许外，挖土机械和车辆不得直接在支撑上行走操作，严禁挖土机械碰撞支撑、立柱、工程桩、围护墙和井点管。机械挖土至坑底标高以上 20cm 左右的土方应采用人工修土，以保证原状土的完好，基坑开挖至设计标高后，应清除浮土，经验槽合格后，方可进行下一工序的施工。认真做好基坑降水及明排水工作，确保基坑干燥，加快施工进度，坑内可采用明沟、盲沟和集水井排水，基坑周围的地面排水沟必须保持畅通，并防止坑内排出的水和地面雨水倒流、回渗坑内。基坑边不宜堆置土方或其他设备和材料，以尽量减少地面荷载。基坑开挖过程中应加强对围护结构的检查工作，发现有渗漏现象应及时封堵。加强基坑及周边地下管线的监测工作，土方、支撑、降水等施工应服从统一指挥，做好信息化施工，并根据监测信息及时调整施工方案。当采用逆作法施工时，基坑支护体系必须与主体结构设计相匹配，确保主体结构在施工期间的围护变形、不均匀沉降满足设计要求。

四、钢支撑施工

钢支撑材料设备进场应认真做好进场检查验收工作，对检验合格的材料设备应编号登记，杜绝不合格材料设备在工程中使用。钢支撑材料断面、壁厚尺寸符合设计要求，管段外观表面平直、无严重锈蚀、扭曲变形现象，法兰平整、垂直，螺孔无损伤，活络端完整、无损，管壁拼缝焊缝饱满、完整。根据工程所处环境特点和钢支撑布置形式应合理选择钢支撑的吊装设备。施工前应做好设备进场、安装、调试等工作。基坑施工时应按先撑后挖的原则，一般先中间后两边，对称安装钢支撑。为了保护环境及减少围护墙的变形，一般每根支撑在挖土后 24h 内安装完毕。凡需焊接部位，必须按规范严格执行。焊缝必须满焊，宽度、高度满足设计要求，焊缝表面均匀，不准有气孔、夹渣、裂缝、肉瘤等现象。基坑内的作业为多工种立体同时作业要密切配合，互相联系，以确保安全生产。应力施加和复加是钢支撑施工的重要组成部分，也是控制基坑变形关键手段之一。应力施加系统必须完好，油泵、千斤顶、压力表等必须经过检测标定，并在有效期内使用。施加应力应考虑气温变化对钢支撑应力的影响，为了最低限度减少气温对钢支撑应力施加的影响，施加应力宜选择在气温较低的时间段进行。施加应力做到分级加荷，每级持荷 5min 左右。在重要部位的支撑端部，设置复加应力装置应根据监测信息及时调整支撑应力。采用钢围檩时，安装前应在围护墙上设置竖向牛腿，钢围檩与围护墙间的安装间隙应采用 C30 级配以上的早强细石混凝土填实。

五、支护结构拆除施工

主体地下结构施工中,在分层拆除支撑与围檩前,主体结构强度应达到设计要求,并按设计要求完成传力构造的施工。对于主体地下结构有错层、楼板局部缺失等特殊部位,应按设计要求完成换撑施工。当采用爆破法拆除混凝土支撑时,宜先将支撑端部与围檩交接处的混凝土凿除,以避免支撑爆破时的冲击波通过围檩和围护结构直接传至坑外。支撑拆除应先拆联系杆件,后拆主要受力杆件。在拆除支撑施工同时,也应加强对围护结构、地下主体结构、周围环境的监测工作,发现问题及时调整施工方案。在拔除 SMW 工法型钢时应注意对周围建筑物、地下管线等重要构筑物的保护。若附近有重要建筑物或地下管线时,应对拔出后 H 型钢的空洞内注入水泥浆,使土体密实,以减少对确保周围建筑物或地下管线的影响。

第七章 沉 井 工 程

第一节 基 本 要 求

沉井施工应编制沉井施工专项施工方案,并经上级主管部门审批。必须对施工人员进行施工工艺、程序、安全技术措施及安全生产所必须注意的事项交底。在沉井下沉过程中必须执行安全监控制度,监控人员必须由技术人员和安全监控人员组成。

第二节 沉 井 制 作

沉井制作涉及的支架工程和模板工程必须按照规定单独编制安全专项方案,并经公司主管部门审批,如有必要需经专家实施论证。支架搭设必须与模板完全分离,避免沉井下沉时受其纵向拉力影响。沉井制作时,作业面高度不低于2m时作业人员必须佩带安全带。钢管、扣件、模板及作业工具等上下传递必须可靠,严禁抛掷。通道与作业平台必须设置有效安全防护设施。

第三节 沉 井 下 沉

在沉井下沉过程中必须执行安全监控制度,监控人员必须由技术人员和安全监控人员组成。沉井施工现场及邻近的道路、管道、管线、机具、设备、构筑物及临时设施等都应考虑沉井下沉而引起的坍塌或危险。沉井下沉影响区域内的建筑物,在施工前应采取有效措施进行处理,并在沉井下沉过程中加强沉降观测和措施的落实。沉井必须和四周高压电线保持一定的安全距离或有安全技术措施。施工现场的起重等大型设备的安全工作位置的设置,应根据工程实际状况在施工方案中充分给予考虑。若在偏僻或特殊情况下,施工中采用台林把杆等非标设备时,必须编制专项设计方案,经验收合格后由专人负责方可投入使用,使用过程中应加强检查。沉井井壁上部及隔墙上部必须采取安全防护措施,防护措施的安装、搭设应满足防护要求。井壁上下应设置分段挂梯,挂梯上应设置防护圈,挂梯不得与井壁固定,较大型沉井应适当增加挂梯数量,挂梯应有专人负责。沉井下沉过程中临时用电应严格按规范执行,做到三级配电二级保护。潜水泵及手持电动工具等必须按检查制度做好日常检查。采用抓斗挖土时,操作司机和指挥都必须持证上岗,该井孔内严禁人员停留,挖土抓斗应设置防转动装置。挖土时必须由专人指挥,指挥人员站位应正确,应同时能满足让操作司机看清信号又能清楚地观察到井孔内抓土状况。孔沉井内挖土时,各井孔土面高差不宜大于0.5m。用抓斗挖土每完成一层后,应停止机械施工,人工整理锅底,切削土体待沉井下沉后,再重新用抓斗挖土。人工挖土的次序应先中间后四周,均衡对称进行，并根据方案要求保留土体。若用水力机械切削土体，作业人员应站立井孔内横梁上或专用安全平台上，严禁站立在井底土体上操作。在进行人力挖土时，应严格控制沉井外与井内水压差，井内外降水措施应始终保持井内水位高于井外。在进行人力挖土时，应加强安全监控，保证作业人员处于安全位置，技术人员应随时了解掌握各井孔内挖土量、降水量等，随时作出正确的施工指令。当根据方案中的要求挖土至满足沉井下沉时，沉井若仍未下沉，作业人员不得随意在井内继续挖土或用水力机械出土，技术人员应考虑按方案采用辅助手段使沉井下沉。迫使沉井下沉的辅助手段有沉井壁外挖土、沉井上部堆载、沉井壁外冲水及井壁外充气等。沉井壁外挖土机械及作业人员应按照方案施工，严防在挖土作业时由于沉井突沉所造成的人员伤害或机械损坏。需采用沉井上部加载助沉时，加载平台应符合重物堆放和结构安全的要求，并不得影响井孔内通道和施工安全，重物应堆放整齐，其重力中心应与沉井平面中心相重合，加载时加载范围内的其他工作应停止，加载卸载时应均衡对称进行，沉井下沉到设计标高时应先卸载，随后进行其他工序工作，因加载作业面较困难，所以作业人员应做好安全防护工作。沉井纠偏而加载时，应遵照施工组织设计规定。采用其他辅助手段实施沉井助沉的，作业人员应按方案要求进行，并做好安全防护工作。在不排水作业时，若需潜水员下水作业，应做好潜水员安全防护工作，严禁吊机抓斗挖土作业。待沉井下沉稳定后方可封底。

第八章 顶 管 工 程

第一节 基 本 要 求

一、现场勘察

通过现场踏探，了解施工沿线的地形、工程和水文地质、交通状况、地上建筑物、地下管线和有无地下障碍物等。

二、人员配置

根据工程规模、特点，配置合理人员。所有人员必须经过进场安全教育后方能上岗；特种作业人员必须持证作业。进入施工现场管理人员和施工人员必须佩戴具有标识性的安全帽，着装统一。作业时，施工人员必须佩带适宜的个人劳动防护用品。

三、安全管理

在详细调查与本工程有关的公用地下管线和交通情况后，应立即召开公用管线配合会和交通配合会，以便共同确定公用管线保护措施和交通组织措施。未经办妥掘路执照、道路施工许可证和管线保护绿卡不得擅自施工。针对施工现场的实际情况，编写施工组织设计及安全专项方案。顶管施工涉及的安全专项方案应包括临时用电、顶管进出洞口、垂直与水平运输、支架和模板施工方案等。在分包方进场后，项目部技术负责人应组织有关人员对分包方进行进场安全技术总交底；在分项（分工种）施工前，必须对施工人员进行分项（分工种）安全技术交底。交底的内容可根据施工组织设计的要求和验收规范，将工期安排，施工步骤操作方法，重点关键部位，技术措施和有关规定，并结合设计意图对操作施工人员进行详细交底，并做好记录。较长距离顶管时，应布置管内安全有效的照明，并每台班对可燃、有毒有害气体进行测试，严防其伤人。

四、现场平面布置

现场平面布置必须符合《上海市文明工地评分标准》及《上海市道路与管线工程文明施工规则》要求。施工区与非施工区必须设置分隔设施。设置固定分隔设施的，其高度不低于2.5m，下部砌筑0.5m高砌块，水泥砂浆抹面，上部采用2m高的涂塑钢板或其他质量好的硬性材料；设置活动式路栏的，应采用LL-98型路栏。施工现场必须采用混凝土地坪。工作井及接收井周边必须设置临边防护设施，防护设施宜采用$\phi 48\times 3.5mm$钢管。搭设防护设施的上防护杆离地高度1.0～1.2m，下防护杆离地高度0.5～0.6m，杆柱间距不大于2m；钢管打入地面深度50～70cm，钢管离边口的距离不应小于50cm；防护栏杆必须自上而下用安全网封闭或在栏杆下边设置严密固定的高度不低于18cm的挡脚板。设置的钢制梯经过计算必须符合安全要求，井深大于6m必须设置登高转角平台。现场管材堆放和井内设备安放整齐有序，符合安全要求。施工用电必须严格按照标准JGJ 46—2005执行。井下潮湿场所作业应采用安全电压或采取保护措施。

第二节　设备、设施的布置、安装

一、起重机械布置

顶进工作坑应配备垂直运输设备，一般可采用桥式起重机（即门式行车）或旋转臂架式起重机（即汽车吊、履带吊）其起重能力应满足各项工作要求。起重机械应建立现场维修保养，定期检查和交接班制度，以保证安全和施工的正常进行。定期对起重机的变幅指示器、力矩限制器、起重量限制器及各种行程限位开关等安全保护装置的完好齐全、灵敏可靠等进行检查，严禁随意调整或拆除。严禁超负荷工作，在近满负荷时，严禁同时进行两个动作（升降、变幅或旋转）。正常作业前应先试吊，离地约定10cm检查重物捆扎情况和制动性能，确认安全可靠，方可使用。起重机作业时，起重臂和重物下方严禁有人停留、工作或通过。重物吊运时，严禁从上方通过。严禁用起重机上下载运人员。起重机械在架空输电线下作业时，必须执行有关安全作业距离的规定。机械操作和指挥人员应有操作培训考试合格证件。

二、承压壁的设置

承压壁的平面必须与顶进轴线相垂直，在顶进中随时检查，如发现严重倾斜，须重新布置，以保证安全。当用已顶好的一段混凝土管承受后座顶力时。如计算后座抗力无法满足要求时，应由后两段管段来共同承受，中间准备设置窨井的空当增设临时对撑以传递顶力。

三、主顶设备安装

油泵站应设置在靠近主顶千斤顶，油路安装应顺直，减少转角，接头不漏油，油泵站应在防雨棚内工作；油泵的最大工作压力不大于32MPa，装有限压阀和压力表等指示保护装置，安装完毕后须试车，在顶进中应定时检修维护，及时排除故障。U型顶铁必须符合刚度大的要求，受力后无变形，相邻面垂直，排列不扭曲，单块放置稳定性好，连续部位不脱焊、不凸面、与导轨的接触面必须平整，顶进前滑动部分应抹牛油润滑。环形接口顶铁应与混凝土管口相吻合，中间用软木板衬垫，防止承插口处破损。平口管、企口管和F形管节应配置专门用于套接的特殊顶铁。

四、前墙止水圈

前墙止水圈的法兰底盘应预埋在混凝土沉井内，中心正确，端面平整，安装牢固，螺栓的丝口应妥善保护，水泥浆应预先清除；在钢板桩工作坑内法兰底盘应埋设在混凝土前墙中，其前墙宽度应保证其自身稳定，其厚度应大于50cm。

五、顶管机头

顶管机头的尺寸和结构应符合要求，在吊入顶进坑前应作详细的检查。起重机械应根据机头重量、场地条件和方位、角度经过详细的调查、核算，选用合适的吊机，卸机头时应平衡、缓慢、避免冲击、碰撞，并由专人指挥，一般重量较轻的工具管可用钢丝绳外套橡皮吊放，对顶管掘进机等重要设备必须使用专用吊具，确保安全可靠。机头安放在导轨上后，应测定前后端的中心的方向偏差和相对高差，并做好记录，机头与导轨的接触面必须平稳、吻合。机头必须对电路、油路、水路、气压、泥浆管路和操纵系统等设备进行逐一连接，各部位连接牢固，不得渗漏，安装正确，并对各分系统进行认真检查和试运行。

六、管内运输

管内运输应根据土的性质，选用机型，管内作业空间，每次顶进出土数量和顶进长度和环境因素，经综合分析后选择快速、经济合理的方法。手掘式顶管一般可选用劳动车、轨道式土斗车、电瓶车等工具进行管内水平运输。挤压式顶管出土是由设置在工作坑的双滚筒卷扬机用钢丝绳牵引在轨道上的半圆形土斗车，将挤压口排出泥土运送至工作坑的，然后垂直起吊。泥水平衡顶管掘进机是以水力机械方式将泥浆通过管路连接的吸泥泵输出并经排泥旁通装置直接输送到地面泥浆沉淀池。网格水冲式顶管则以高压水枪将泥水冲碎后，同时以水力机械方式由扬水器，通过泥浆管路直接输送到地面，但是水枪的转动球阀必须经常检查维修，防止卡死、扬水器的进口要有清除残渣和堵塞物的装置，每班予以清理。土压平衡顶管掘进机由螺旋输送机控制出土，经电瓶车或皮带运输机将弃土送至坑内，再由垂直运输设备吊出地面。

水利机械出土必须设置泥浆沉淀池，输送管路接头应完全密封，并定期对其进行检查，防止管内物质外泄。导轨吊装过程中作业人员必须听从指挥，严禁擅自作业。

第三节 顶　　进

一、手掘式顶管

工具管加入土体后，应严格控制其水平偏差不大于5mm，其高程应为设定标高加以抛高数，其数值可根据土质情况，管径大小、工具管自身重量和顶进坡度等因素设定，以抵消机头出坑后的"磕头"而引起的误差。当出现"磕头"时应迅速调整，必要时应拉回后重新顶进。工具管与第一节混凝土管节连接时，其尾部至少须搁在导轨上20～30cm，并立即进行混凝土管的连接，混凝土管为企口管时，应在工具管尾部处先安装承口钢环，与企口管的插口均匀吻合。企口管和钢承口管应以插口在前、承口在后的排列方法，将其安放在顶进轴线方向上。严格控制工具管出坑后10m范围内管道轨迹的偏差，以保持混凝土管有一个良好的导向。

开始人工挖土前，应先将刃口部分切入周边土体中，挖土根据地层条件，辅以必要的降水或注浆加固等施工措施，以使正面土体在稳定条件下，挖土程序按自上而下分层开挖，严防正面坍方。工具管前的开挖面可挖成锅底形状，其向前的超挖深度不得大于0.6m，土孔直径严禁超过刃口直径，外周可略小于5～6cm。严禁挖土人员走出工具管前面进行作业。在顶进过程中应采取措施，应经常保持工具管的底部无积水现象，如遇积水，随即排除，以防止土体基底软化。当因故暂时或较长时间停止顶进时，为防止开挖面的松动或坍陷，应及时采取正面支撑或全部封闭的措施。顶管交接班时应将开挖情况和排除故障所采取的措施逐一详细交接。

二、挤压式顶管工具管

出坑前工具管应保持其垂直中心位置正确，其左右面必须对称，顶进中如发生转动，应采取措施纠正，使其喇叭口的垂直中心线位置能与土斗车很好衔接。每次顶进的长度应根据土斗车的容积，坑内垂直起吊设备的起重量和地面运输车辆的条件综合考虑确定。工具管出坑时，为了防止产生过大偏差及防止进入钢板桩接收坑时，由于局部挤压引起的支撑破坏，应采取手掘或缓慢顶进方法进行。在进行卸管或其他作业时，必须将喇叭口全部切入土体中，以增加开挖掘面的支撑作用，如遇到软塑或流塑状态的黏土层时，应同时采用正面支撑或全部封闭等措施。挤压式顶管的安放混凝土管节和出坑要求，原则上和手掘式顶管一致。

三、网格（水冲）式顶管

在黏性土层顶进时，网格必须全部切入土体后，才能用高压水枪冲散挤入条状土块，水枪在其区域内要有一定的压力和射程，水枪的冲射程区域能辐射到整个网格的断面，密封舱必须有防渗要求。在遇到粉砂层中，为减少顶进迎面阻力，可将网格内的部分土体冲散，但应控制冲土范围，严防发生正面坍方。高压泵应布置在工作坑附近，进水管路顺直，连接可靠不渗漏，进水宜进不含砂粒杂质的清水。

四、土压平衡顶管掘进机

合上总电源开关、信号指示灯和照明灯发亮，电表上的指示电压应在允许值的范围内。合上各分系统的电源开关，使刀盘、纠偏千斤顶螺旋输送机和控制系统处于工作状态。检查注油泵内有无油脂，否则应先向油泵油罐内充满油脂，然后开启注油泵，向刀盘内圈及支承环之间的密封中注入油脂。按操作需要，将刀盘控制开关置于"自动"或"手动"位置，然后启动刀盘。开启土压平衡电源开关，将计算的压力值（一般取1.2倍的静止土压力和试顶后优化的设定压力值）送入控制器，检查各压力计实测值予以调整。检查激光经纬仪和倾斜仪是否正常工作，确定纠偏方向，启动油泵车，进行纠偏千斤顶编组作业。主顶系统应进入可使管节随时顶进状态将出土车置于螺旋输送机的出土位置。启动螺旋输送机，同时启动主顶千斤顶，这时切土、排土和注浆应同步作业。调节控制器，使螺旋输送机的转速达到适当值，当土压测定值接近于土压设定值时，且在顶进中无过大波动时，可将控制器的按钮进入自动控制状态。密封观察顶进过程中的偏差情况。随时将千斤顶进行微调纠偏，以控制机头方向。当出土小车装满土壤后或需吊卸拼接后续管节，应暂时停止继续顶进。当停止顶进时间较长，应将刀盘和注油泵的电源逐一关闭。紧急停车时应先关闭控制电源而后切断总电源。

五、泥水土压平衡遥控顶管掘进机

泥水土压平衡遥控顶管掘进机具有平衡开挖面的侧向土压力和平衡地下水位的作用，因此在顶进过程中能对付各种地面环境的开挖时的正面稳定，从而显示和其他顶管施工方法所不同的独特方法。作业人员在工作坑通过控制台的遥控操作，使掘进机的操作管理提高到信息监控的水平。

（一）启动前检查

掘进系统启动前所要检查的部位和应注意以下事项：

（1）通过油位指示表检查液压泵组中的液压油是否加注充分。

（2）应确保液压油软管和泥浆管路的每一接头可靠、接口对号。

（3）操纵台上的所有控制开关都应处于空挡或停止位置。

（4）确保所有电缆和电气配线都牢靠连接。

（5）供电电源符合规定值。

（6）电动机的回转方向正确无误。

（二）运转前的工作与检查

（1）连接液压动力组和主顶千斤顶的液压软管。

（2）打开动力组的顶盖，加注液压油到油尺的红线为止。

（3）装好顶盖然后进行液压油泵的排气工作。

（4）在初启动时应分别把速度选择器的低、中、高速按钮开关各按几分钟确认没有反常噪声时再按下紧急制动开关后停止油泵运转。

（5）反复伸缩主顶千斤顶完成油路和主顶千斤顶的排气工作。

（6）连接和检查两个操作台的控制箱接线和警报讯号接线。

（7）发生紧急情况时应按下"紧急制动"开关，此时各开关的运转电路和所有指示灯被全部切断。

（8）运转重新开始需再一次按"紧急制动"开关，此时"运转电源"指示灯亮。按下"千斤顶速度选择"开关，使油泵继续工作。

（三）启动与操作

启动顶进时当导轨长度不足以放置整台顶管掘进机可把掘进机分为两部分，机头体放置在导轨上，而导向筒体放置在坑内一侧，工作时配用 10m 长的液压软管和电缆接线。掘进机的所有操作都是通过操纵台上的开关来控制的，操作人员必须谨慎地按照操作步骤进行。

第四节 出　　坑

一、出洞前准备工作

出洞前必须对所有设备进行全面检查、液压、电气、压浆、气压、水压、照明、通讯、通风等操作系统是否能正常进行工作，各种电表、压力表、换向阀、传感器、流量计等是否能正确显示其进入工作状态，然后进行联动调试，确认没有故障后方可准备出洞，如存在问题应及时调整、维修或更换。

二、拆除封门

（一）拆除前检查

拆除封门前应按施工组织设计的规定，通过水位观测孔检查洞口外段的降水效果是否达到要求。洞口止水圈与机头外壳的环形间隙均匀、密封、无泥浆流入。用注浆法加固的洞口外段应有检测结果，增加洞外土体固结力使地面无明显沉陷。

（二）封门拆除作业

钢板桩工作坑的洞口部分钢板桩可根据施工组织设计要求采取拔起或割洞的方法进行。在去除前，必须考虑去除过程中所采取的加固措施。其顶部的八字支撑还必须重新检查及加固，沉井工作坑必须拆除砖墙或混凝土封门，而后拔除井外的槽钢。封门和封板一经拆除后，必须在确保人身安全的前提下，立即清除洞口可能存在的金属物件(如短钢筋、钢管)或较大的硬块等障碍物，而后将机头随即切入土层中，避免前方土体松动坍落。

第五节 检测与通风

当顶管顶进长度大于 100m 时必须设置通风设备，确保管道内的氧含量达到规定要求。在顶进过程中必须随时对管道内的空气进行简单有效的检测。一旦发现硫化氢等有毒气体含量超过标准时，必须立即停止施工，撤离作业人员，并采取有效措施。

第六节 安 全 记 录

顶管施工所需的安全记录必须按照《上海市施工现场安全生产保证体系》DBJ 08—903—2003 标准规定的表式进行填写。填写人员对安全记录应填写完整、清晰，保管应便于存取和检查。安全员(资料员)应及时收集、整理所产生的安全记录，汇编成八本台账。台账立卷符合要求，编目清晰、标识明显。

第九章 盾 构 工 程

第一节 盾构进出洞

盾构出洞施工必须严格遵守住房和城乡建设部强制性安全技术标准。盾构出洞必须有专项施工方案,并经主管技术部门批复。盾构出洞必须有专项安全技术交底,作业人员必须严格按照施工方案,听从统一指挥。

出洞施工前必须对机械设备的安全装置(行车、卷扬机)、现场的安全防护设施(出洞支架、临边围护、登高竹梯)、起重设备(钢丝绳、滑轮、葫芦、卸扣),通讯信号设施(对讲机、电喇叭、起重指挥口哨)进行检查。参与出洞施工的作业人员(电工、电焊工、行车司机、起重指挥工)必须持有有效的特种作业人员上岗证。整个施工区域确保有充足的照明,并有备用照明设备,严禁使用碘钨灯。施工单位必须在盾构出洞施工作业前,办理两级动火申请,并配备充足的灭火措施。割除混凝土钢筋时,必须由下至上、由中间向两边逐块割除外排钢筋,电焊工旁应设专人进行监护。在卷扬机进行拖拉混凝土块时,严禁人员站在卷扬机钢丝绳收缩范围内。捆绑吊运大型混凝土块时,必须注意保护钢丝绳与混凝土刃角边缘的接触处,防止钢丝绳受到损害。吊运大型混凝土块,应采用两级指挥,即井内及井上各设置一名专职起重指挥,信号传递必须准确。在拖拉混凝土块的过程中,严禁施工人员为保护洞门止水圈(袜套),而冒险在洞圈正面铺设木条。在吊运混凝土块的过程中,必须严格遵守"重物下不得站人",支架上部人员必须及时撤离。在洞圈下部混凝土块拖拉及吊运完毕后,应迅速割除洞圈下层支架,以满足洞圈上部混凝土钢筋割除的需要。混凝土块全部吊运完毕后,严禁人员站立在洞门圈的正面,以防止土体坍塌对人员造成伤害。盾构机全部进入土层后,封洞门圈施工必须有有效的防范措施。如左右两侧及顶部的作业,可采用尼龙绳配合自锁式安全带共同使用。

第二节 行 车 运 行

行车必须经过技术质量监督局进行验收,合格发证后方可使用。行车司机必须具备安全生产监督管理部门发放的特种作业操作证,上岗前必须经过专项安全教育。

行车司机在操作前,必须对行车的各种安全装置、传动部分、起重动力部分、操作控制部分做常规检查,发现异常情况,必须及时汇报设备部门及有关人员维修,严禁带病工作。行车司机必须严格遵守起重"十不吊"制度,与起重指挥密切联系,相互配合。行车起步时应发出信号,在吊运重物时要避开施工人员作业点。在井口吊运时必须发出信号,示意井下人员迅速离开吊物下方。吊物在等待状态,必须停留在安全可靠的位置。行车司机必须定期会同起重指挥挂钩工一起严格检查吊具、索具,发现隐患及时上报上级有关部门,及时处理。六级以上大风,必须采用夹轨器,做好防风措施。行车停用时如遇大风,必须采取有效的固定措施。认真做好交接班工作,并建立行车运行记录簿,在施工作业完毕后必须切断电源。

第三节 电机车运行

电机车司机必须经过培训合格发证后,持有操作证,并经过专项安全教育后方可上岗。电机车司机必须检查车闸(气刹、电气制动和手制动)是否正常,严禁带病运行。平板车与前后连接应安全可靠,除了有正规的连接外,还应在左右两侧安装链条作保险连接。电机车运行时的各类物件(土箱、管片、散件)必须放置稳妥,捆绑安全,严禁超长超宽。电机车严禁无措施的违章搭乘人员。电机车正常行驶限速10km/h,经过转弯时必须放慢速度。接近岔道后限速3km/h,下坡时要带制动,在靠近车架工作面100m距离时限速5km/h,并打铃警示,减慢速度。严禁超速运行。电机车在启动和运行过程中,必须启动警铃、电喇叭等警示装置。同时,应运用监视器,密切注意机车行驶前方的动态。探头的外部必须设置保护罩壳。司机不准擅自离开岗位,运行中严禁手头脚伸出车外,司机在离开岗位时(或停留在隧道中央时),必须排挡为零,切断电源,扳紧车闸,采取固定措施(限位和钢丝绳)。严禁在同一根轨道上,电机车间隔前后行驶。电机车司机必须及时做好交接班记录,做好对机车的保洁工作。电机车驶入井口开口环区域,机车司机必须离开驾驶室,进入隧道,严禁站在重物的下方。

第四节 管片拼装

管片拼装必须落实专人负责指挥,拼装机操作人员必须按照指挥人员的指令操作,严禁擅自转动拼装机,以免发生伤亡事故。

举重臂旋转时,必须鸣号警示,严禁施工人员进入举重臂活动半径内,拼装工在管片全部定位后,方可作业。在施工人员未能撤离施工区域时,严禁启动拼装机。拼装管片时,拼装工必须站在安全可靠的位置,严禁将手脚放在环缝和千斤顶的顶部,以防受到意外伤害。举重臂必须在管片固定就位后,方可复位,封顶拼装就位未完毕时,人员严禁进入封顶块的下方。举重臂拼装头子必须拧紧到位,不得松动,发现磨损情况,及时更换,不得冒险吊运。管片在旋转上升之前,必须用举重臂小脚将管片固定,以防管片在旋转过程中晃动。拼装头子与管片预埋孔不能紧固连接时,必须制作专用的拼装架,拼装架设计必须经技术部门认可,经过试验合格后方可使用。拼装管片必须使用专用的拼装销子,拼装销必须有限位。拼装上部管片时,必须使用专用的移动式防护栏,以防高空坠落。人员超越防护栏杆作业时,必须将安全带系挂在固定处。单轨梁(双轨梁)运送管片就位拼装时,人员严禁站立在管片的前方,以防止溜滑伤人。

第五节 管片堆放

管片管节堆放场地有条件设混凝土场地,如有困难,应平整夯实地基,符合承载构件对地基承载力的要求。管片涂料制作的安全通道横向大于90cm，纵向大于100cm，安全通道内不得堆放杂物，保持畅通。管片如不采用钢质堆放架进行涂料施工，而采用道木垫块时，道木必须质地可靠，道木松散损坏应及时更换。管节放置两侧必须填塞三角形木垫，木垫必须根据管节大小配备，以管节放置不滚动，安全可靠为宜。管片储存堆放高度超过三层，呈宝塔形，层间垫木必须结实可靠。管片管节外场堆放，场地四周必须有明显的隔离措施，并设警示、禁令标志。吊运管片，吊点必须两点以上，吊运管节如采用穿管式，绳索与管节刃角受力点必须用垫块保护。吊运时，涂料制作人员，必须站在安全可靠位置，严禁在吊物下施工，严禁站立在吊物的下风处。管片严禁堆放在井口临边一侧，人员在2m以上管节上部施工必须有防护措施。

第六节 高处作业

凡是隧道井口临边处、每一层站台层的临边必须按高空作业安全技术规范制作标准的围护栏杆。隧道井下高空作业平台（测量平台）四周必须有可靠的临边防护措施，上下必须绑扎规范的扶梯，梯子下部应有防滑橡皮。隧道井下盾构车架上部、管片拼装平台临边必须制作可靠的围护栏杆。车架间的缺档处必须设置规范的过桥措施。定期做好登高作业人员的健康检查，凡是患有心脏病、高血压等疾病的施工人员严禁登高操作。严禁穿硬底鞋、塑料鞋、拖鞋登高作业，不准使用没有防滑脚、梯档缺挡和腐烂的梯子。大于6m以上的攀登高度，必须采用安全带系挂在尼龙生命绳上进行攀登，以保证攀登人员的安全。高处作业所用材料要堆放平稳。工具应随手放入工具袋（套）内，或用保险绳系，严禁上下抛掷任何物品。没有安全防护设施，禁止在未固定的构件上行走或作业。在支架搭设过程中，高处作业人员应将安全带系扣在有滑槽的钢丝绳上。

第七节 井下安全施工纪律

隧道井下井人员必须戴好安全帽、穿着色标工作服、五防工作皮鞋，佩卡上岗。隧道井下严禁吸烟，施工人员必须遵守各项安全操作规程，严禁违章作业。特种作业人员必须持证上岗，未经培训人员不得擅自操作任何电器设备及机械设备。电机车司机必须经过培训合格后，方可上岗，进入隧道作业人员严禁搭乘材料运输电机车。井下作业人员在井口起吊重物时，站位要安全可靠，在起吊的重物下严禁冒险通行。举重臂工作时回转半径内不准站人，拼装人员在作业时不准跨越栏杆。未经许可，任何人不准拆卸移动安全护栏、安全装置和安全标志。登高作业在无可靠的防护设施的情况下，必须系好安全带。

第八节 拌浆间

拌浆间搭设必须规范牢度，密目网封闭严实，并且有防止粉尘飞扬措施。拌浆间内各类粉尘材料的堆放必须整齐，堆放不得超过规定高度，同时，必须及时清理零星的粉尘。拌浆间进料必须有秩序，并设置安全通道，保持通道畅通。拌浆间内电箱使用必须有防尘措施，严禁电箱内摆放其他物品。浆机转动部分必须设置防护罩，防止机械伤害。人员严禁站立在拌浆机上部倒料，拌浆机的横向和纵向的钢筋网罩间隙不得超过 8cm，以防止拌浆人员受到伤害。清理维修拌浆设备之前，必须切断电源，并挂设禁止合闸的禁令标志。拌浆作业人员必须正确使用个人防护用品，戴好防尘口罩，严禁赤膊作业。浆液不能随意排放，做好环境保护工作。

第九节　旁通道、泵站冷冻法施工

一、基本要求

（一）安全管理

联络旁通道施工是一项较特殊的工程施工，为此工程开工前需对全体施工人员进行安全生产大交底，班组施工前要坚持上岗安全交底活动。针对本工程施工特点，要编制出一份切实可行应急预案措施。设专职安全检查员，负责现场昼夜施工安全。每班设兼职安全员负责本班安全。安全员对不安全因素、事故隐患必须做到及时发现、及时纠正，必要时有权责令有关施工人员立即停工，待采取有效措施后方可继续施工。施工人员必须接受岗前安全教育培训，熟悉有关安全操作规程和各工种岗位责任制。工程开工前，项目部必须组织全体施工人员认真学习：《施工组织方案》、《甲方技术交底文件》、《质量管理细则》、《文明施工守则》以及当地有关文明施工、安全施工条例，严格按其要求有序施工。特殊工种(电工、焊工等)必须持证上岗，严禁无证者进行特殊工种工作。施工人员必须按规范穿戴工作服、安全帽，现场施工严禁光头、赤膊、穿拖鞋、穿凉鞋。现场施工人员班中及班前 4h 内禁止喝酒。工作场地、高架平台上材料、工具、大小零部件必须码放整齐，以防磕绊、掉落伤人。电气设备的安装、拆卸、维修须由专职电工操作。电工须经常检查电器、电缆、电线等的漏电隐患，一旦发现及时排除。高架施工，人员上下扶梯要符合牢固、安全、方便、适于不同工作人员使用的原则。禁止闲杂人等进入施工现场参观、逗留。须进入现场的非施工人员必须戴好安全帽、必要时现场安全人员须为其临时提供安全帽。现场配备的防灾、救灾器具、材料等，任何人不得挪作他用。隧道内人员出入通道要保证通畅、方便、安全。施工中，施工人员不得追逐、嬉戏打闹；不得听随身听等。隧道内施工，工作面窄，水电交叉，多工序、多工种、多层面立体交叉作业，须建立有效的报警系统。工种之间、机组之间要通力协作，互相照应，避免各自为政。

（二）技术管理

旁通道及泵站施工主要图纸依据是《旁通道泵站防水构造图》，《旁通道结构施工图》；规范依据是《地下工程防水技术规范》GB 50108—2008，《地下防水工程质量及验收规范》GB 50208—2002，《煤矿井巷工程及验收规范》GBJ 213—90。严格按照旁通道、泵站审定通过的施工组织设计进行贯彻实施，确保旁通道、泵站施工的安全。为避免破坏和削弱旁通道管片(主要是混凝土管片)结构，要求冻结孔施工必须以旁通道特殊管片图纸书面布出钻孔孔位(包括测温孔、泄压孔)的位置、角度、数量进行施工。在总体施工组织设计基础上，分别编制冻结加固和开挖构筑两大块操作实施细则，便于控制施工质量。旁通道开工前需对此项工程的测量仪器，出具鉴定证书，并在明显部位贴上标签。原材料均按要求做好试样，检验合格后方能用于本工程。临时用电施工组织设计遵循《施工现场临时用电安全技术规范》。

（三）施工监测

旁通道从冻结加固到开挖构筑完成，应做好监测工作，主要监测内容有：冻结壁温度场；冻结壁与隧道胶结；开挖后冻结壁暴露时间内冻结壁表面位移；开挖后冻结壁表面温度。地表沉降监测：在地面和已施工好的旁通道内测点，使用水准仪、经纬仪进行监测。隧道的位移和变形监测，严格按照《冻结加固施工组织设计》要求和步骤进行认真监测。加强冻胀与融沉监测，发现冻胀影响到建筑物和地下管线，通过打设卸压孔减少冻胀；预留好注浆孔，进行跟踪注浆，防止融沉影响周边建筑物和地下管线。

二、冻结孔打设

（一）联络通道、泵站冻结孔打设工艺流程

(1) 清理施工现场。
(2) 固定钢枕木。
(3) 铺设并焊接H型钢轨、安装工作底台。
(4) 钻机组装与调试。
(5) 测放冻结孔位。
(6) 钻隧道混凝土壁埋设孔口管。
(7) 安装截门。
(8) 钻透混凝土壁残留层。
(9) 复检钻具的质量。
(10) 钻具组装调试钻具水平角度与垂直角度。
(11) 钻具对准孔位，密封空口。
(12) 泵送冲洗液开钻。
(13) 回次加尺。
(14) 钻进。
(15) 焊接冻结管接口。
(16) 再钻进至设计深度终孔。
(17) 注水清洗。
(18) 测斜。
(19) 安装封水丝堵。
(20) 试压、测斜。
(21) 移机到下一冻结孔位。

（二）水平钻孔

钻架安装、拆卸时及其他需要佩带安全带的工序，必须有效佩带安全带。高架立体式作业，必须上下左右互相照应，上面工作人员时刻注意下面工作人员安全。机械、孔内出现异常必须及时排除，严重者及时上报。禁止"带病"强行施工。

（三）打设冻结孔应急预备方案

在冻结孔施工期间，现场必须配备各种$\phi150$、$\phi115$、$\phi108$等规格木楔、$2m^3$砂袋和2t水泥（其中10袋速凝水泥）。冻结孔施工前，在布孔范围内打若干个小孔径探孔

(ϕ32mm)探测地层稳定情况，如发现有严重漏水，冒砂现象，先进行水泥～水玻璃双液壁后注浆，以提高孔口附近地层稳定性。冻结孔开孔分一次、二次来控制，一次开孔采用金刚石取芯钻头，在安装孔口管及密封装置前，管片应留不小于100mm厚度不能穿透。

（四）HW-X系列钻机（技术）操作规程

（1）HW-X系列钻机适用于施工不同地层的立孔、斜孔、单孔、上仰孔。

（2）钻机的操作必须由进行过岗前技术安全培训的机手执行。

（3）开钻前必须对钻架（塔）、平台及给进架的前后支撑的稳固性进行认真检查。

（4）安装、检查、试验操作台、电路连接、电机正反转、液压油路、调整油泵压力等。

（5）机手（班长）必须熟记钻机性能、行程等各种参数。

（6）机手及全体钻工施工前认真了解地层变化情况，选择相应的钻进参数和钻头类型。

（7）对钻机转动部位定期加注润滑油；对液压系统及时补充液压油。

（8）开钻前，先在无负荷状态下扳动油阀，往返行走动力头，熟悉了解钻机状况。

（9）开钻前复查钻机角度是否与设计角度相符，给定纠偏角是否合适。

（10）开钻时，要先启动油泵，一分钟左右后启动电机。

（11）钻头进入孔口管时要慢，不能转动，钻头到孔底后方可转动。

（12）开钻前调小油门压力，启动后逐渐加压。

（13）液压钻机的柱塞油泵最大压力为32MPa，最大排油量63L/s，使用时系统压力应调至20MPa。

（14）施工中为了减小缩孔、塌孔、埋孔的风险，加尺及补焊接缝速度要快，尽量压缩停钻时间。

（15）施工中熟记和正确调控钻进四大要素（压力、水量、转速、钻速）。

（16）正常钻进时泥浆泵排量应控制在50～100L/min左右，泵压一般应不超过1.5MPa。

（17）加尺时钻杆丝扣的三分之二没有上好时，不得使用钻机上扣。

（18）上下钻杆时，叉钳旋转范围内不得站人。

（19）钻进时，钻具避免来回推拉，停转时要退尺50～100mm。

（20）钻进时，注意观察钻具偏斜情况，遇有异常及时纠偏。

（21）精细丈量钻具长度、进尺、残尺，认真及时做好记录。

（22）施工中注意观察，时刻掌握泥浆泵上水情况，油泵是否发热，电机运转是否正常等。

三、地层冻结

为满足通道开挖要求，通道冻土帷幕厚度为1.8m，喇叭口冻土帷幕厚2.0m，泵站集水井经计算需冻土帷幕为1.8m。另外，由于上层旁通道断面土层以暗绿色～草黄色为主，下层以草黄色粉砂为主，固冻土强度以冻土平均温度-10℃时，$\sigma_{压}=4.5$MPa，$\sigma_{拉}=2.3$MPa，$\sigma_{剪}=1.9$MPa。

地层冻结施工应遵守下列技术规定：

（1）加大盐水在冻结管内的流量，采用串并联循环方式，加快冻结管的热交换。

(2) 严格控制冻结管间距及确保冻结管施工质量。

(3) 冻结管选用有产品合格证的低碳钢无缝钢管，使用前认真检查冻结管的质量，严禁使用弯曲、变形或有质量问题的冻结管。

(4) 认真做好冻结站的运转记录，严格执行各项规章制度和冻结站的岗位责任制。

四、联络通道开挖

（一）联络通道开挖工艺流程

(1) 打探孔检测冻结帷幕情况。

(2) 连接通道开管片、试挖。

(3) 一侧喇叭口导混凝土、临时支撑。

(4) 通道挖掘、临时支撑。

(5) 另一侧喇叭口导混凝土、临时支撑。

(6) 做通道防水层、轧钢筋、立模、浇混凝土。

(7) 两侧喇叭口刷大、临时支撑。

(8) 做喇叭口防水层、轧钢筋、立模、浇混凝土。

(9) 拆模、清理。

(10) 壁间、壁后充填注浆。

(11) 割冻结管、注浆管、封口。

（二）开挖应急预案

开挖应急预案：钢管片打开前，先安装安全应急门，然后根据测温孔探测孔温度情况，以确定冻土强度、厚，方可打开钢管片。开挖及掘砌过程中，按照检测冻土帷幕变形情况，及时调整开挖步距及临时支护方式，除打超前板桩进行超前支护方案外，如果发生帷幕流砂、流水或位移变形超值现象，应封闭工作面直至关闭安全应急门，施工现场配备装有 $2m^3$ 砂袋。2t 水泥和预应力支架、木背板等抢险物资。

（三）实施开挖

隧道内钢管片的焊接：为增加钢管片的整体性，增加其承受不均匀荷载的能力，减少隧道变形，在打开钢管片前，须将旁通道两边的钢管片拼接缝进行焊接，要求焊接必须对称分区焊接，焊缝高度以填满拼装缝为准。上、下钢管片中心的位置，应由隧道推进单位实测三维坐标，以实测三维坐标作为实施的依据。

五、填充与注浆

通道完毕后，钢管片的格栅间要填充混凝土，外露的钢板要涂环氧防水层。旁通道开挖构筑施工结束后，在冻土墙及结构外壁之间，及时对其施工间隙进行壁后注浆充填。注浆时应严格观察顶板情况，发现混凝土有异常情况时必须立即停止注浆，查明原因后应及时处理；注浆要遵循先下部后上部，先底部后两旁最后是拱顶的原则；注浆结束后，应将管口封堵。

第十章 管幕法工程

第一节 基本要求

钢管幕顶进与常规的顶管是完全不同的。首先，钢管幕顶进要针对复杂的地下环境制定相应的技术措施，此外，钢管幕顶进还需要满足对周边建筑的环境保护要求。

选择合理掘进机械，保证了开挖面的稳定条件。在实际施工操作过程中，加强对开挖面泥水压力的控制，并通过信息化施工来优化顶进参数，从而满足对环境保护的要求。通过对掘进机高精度方向控制的研究，采用可视化机头示踪软件，激光反射诱导装置，掘进机姿态传感器反馈系统，掘进机辅助纠偏装置等。使掘进机能满足钢管幕高精度方向控制要求，并为下一步箱涵顶进的地表变形创造有利条件。设置钢管幕顶进整体式台架。在每座台架上按要求设置走道板和护栏。既便于整体转移吊装，又满足安全要求。及时将钢管幕与地下墙连成一体。为防止出洞口地下墙破洞后产生的安全隐患。在每节钢管幕顶进后，立即将钢管幕与地下墙上的预埋件焊牢，并用肋板加固。确保工作井的结构安全。合理组织顶管设备的施工流程，做到竖向不重叠，横向有间距，互不干扰，有序施工。对主顶设备、泥水系统、遥控操作台的布置，体现整齐、规范、布局合理的文明施工的要求。特别重视起重吊装过程的安全，加强对起重设备安全检查，对司机和指挥员的安全教育。井内钢梯按规范设置，杜绝一切可能发生危险的危险源。

第二节 箱涵顶进风险控制

箱涵顶进可能产生的安全危险源有：箱涵出洞风险；开挖面的稳定；地表变形对环境的影响；顶力超限风险；箱涵的姿态控制。

一、箱涵出洞风险

当首节箱涵在工作井内浇筑、养护好后，网格工具头与箱涵又制成一体，就可以开始箱涵顶进了。箱涵出洞有两个阶段；一是地下连续墙的破除；二是穿越出洞加固土体的推进。为使箱涵出洞的安全得到保证，应采取下列安全技术措施：

首先在钢管幕顶进前，应对出洞段加固体按设计要求进行深搅桩加固，并应对加固体强度进行现场取芯测试。应对出洞的安全进行计算，进一步验证出洞的安全性。对地下墙的拆除，应选择专业爆破施工队伍，并选择分层、分块粉碎性爆破拆除的方案，重点关注爆破后在割除钢筋和清碴过程的安全。分析加固体的稳定性和临时支撑措施以及时空效应问题。研究网格工具头切入加固体的挖掘方法。

二、开挖面的稳定

在箱涵顶进过程中，开挖面土体应处于稳定状态。在正常推进过程中，为保证开挖面的作业非常安全，及地表变形在受控范围以内，应采取以下技术措施：

(1) 针对土层和工况的特点设计合理的网格工具头。

(2) 优化挖土方法，采用挤土推进和慢速顶进的方法，必要时适当挖除底层网格内土体，并通过正面土压力的量测，使网格内土体处于主动土压力与被动土压力之间，以满足土压平衡条件。

(3) 在停止箱涵推进和制作下一节箱涵过程中，在网格工具头内设置临时封门板。

三、地表变形对环境的影响

采用管幕工法的主要目的就是减小地表变形。箱涵在管幕的保护下施工，对管幕外和地面的影响较小。但是对饱和软土地层，为减小地表变形，宜采用以下技术措施。

(1) 提高钢管幕的顶进精度。管幕方向误差越小，就会为箱涵顶进创造良好条件。

(2) 管幕与箱涵外壁之间的建筑空隙尽可能减小，因为没有加固的软土留存在空隙内是起不到支承周围土体能力的。如果建筑空隙增大，必然会引起较大的沉降。

(3) 用特殊的泥浆套材料及时填充建筑空隙。管幕与箱涵之间一定会存在空隙，对于这部分不规则的空隙，应由内向外压注触变泥浆，通过压力控制，使箱涵外形成具有一定压力的完整泥浆套，可以起到支托上层土体的作用。

四、顶力超限的风险

顶力超限，轻则使箱涵结构受到破坏，重则使箱涵推进终止，工程面临严重困难。为此，应采取下列安全技术措施：

(1) 计算并确定箱涵控制顶力，合理布置油缸位置。

(2) 采用特殊的复合泥浆和止水泥浆，该泥浆具有较高的黏度，有良好的触变性能。

(3) 加强对注浆工艺系统的管理，使泥浆的压力和流量处于受控状态。

五、箱涵的姿态控制

箱涵的姿态分为高程和水平两个方向的控制。由于管幕与箱涵之间有空隙，箱涵的推力很大，也可能把管幕挤向外侧。由于箱涵结构在工作井内分节制作，所以，当推向管幕内的箱涵姿态失控，必然会影响到下一节箱涵的浇筑，箱涵接头处形成折角，并且形成不良趋势，以后的箱涵也无法继续制作和推进下去。箱涵的姿态控制是工程安全成功与否的关键。箱涵的姿态控制应采取下列技术措施：

(1) 调整油缸的分区和编组，纠正箱涵的水平偏差。

(2) 调整正面挖土控制高程。

(3) 采用计算机液压同步推进系统，通过箱涵两侧的行程仪传感器反馈给计算机，然后由计算机控制各编组油缸的变频电机转速、进而调整油泵的流量达到控制油缸推进速度，满足全部油缸同步推进的目的。

第十一章 模板工程

第一节 基本要求

进入施工现场人员必须戴好安全帽,高空作业人员必须佩带安全带,并做到高挂低用及系牢固。经医生检查认为不适宜高空作业的人员,不得进行高空作业。

工作前应先检查使用的工具是否牢固,扳手等工具必须用绳链系挂在身上,钉子必须放在工具袋内,以免掉落伤人。工作时思想集中,防止钉子扎脚和空中滑落。安装与拆除2m以上的模板,应搭支架,并设防护栏杆,防止上下在同一垂直面操作。支设高度在3m以上的柱模板,四周应设斜撑,并应设立操作平台。低于3m可用马凳操作。高空、复杂结构模板的安装与拆除,事先应有切实的安全措施。遇六级以上的大风时,应暂停室外的高空作业,雪霜雨后应先清扫施工现场,略干不滑时再进行工作。两人抬运模板时要互相配合,协同工作。传递模板、工具应用运输工具或绳子系牢后升降,不得乱抛。组合钢模板装拆时,上下应有人接应。钢模板及配件随装拆随运送,严禁从高处掷下,高空拆模时,应有专人指挥。并在下面标出工作区,用红白旗加以围栏,暂停人员过往。不得在支架上堆放大批模板等材料。支撑、牵杠等不得搭在门窗框和支架上。通路中间的斜撑、拉杆等应设在1.8m高以上。支模过程中,如需中途停歇,应将支撑、搭头、柱头板等钉牢。拆模间歇时,应将已活动的模板、牵杠、支撑等运走或妥善堆放,防止因踏空、扶空而坠落。模板上有预留洞者,应在安装后将洞口盖好,混凝土板上的预留洞,应在模板拆除后即将洞口盖好。拆除模板一般用长撬棒,人不许站在正在拆除的模板上,在拆除楼板模板时,要注意整块模板掉下,尤其是用定型模板作平台模板时,更要注意拆模人员要站在门窗洞口外拉支撑,防止模板突然全部掉落伤人。在组合钢模板上架设的电线和使用电动工具,应用36V安全电压或采取其他有效的安全措施。装、拆模板时禁止使用50mm×100mm木料、钢模板作立人板。高空作业要搭设支架或操作台,上、下要使用梯子,不许站立在墙上工作,不准在大梁底模上行走。操作人员严禁穿硬底鞋及带跟鞋作业。装拆模板时,作业人员要站立在安全地点进行操作,防止上下在同一垂直面工作;操作人员要主动避让吊物,增强自我保护和相互保护的安全意识。拆模必须一次性拆清,不得留下无撑模板。拆下的模板要及时清理,堆放整齐。拆除的钢模作平台底模时,不得一次将顶撑全部拆除,应分批拆下顶撑,然后按顺序拆下搁栅、底模,以免发生钢模在自重荷载作用下一次性大面积脱落。在钢模及构件垂直运输时,吊点必须符合起重要求,以防坠落伤人。模板顶撑排列必须符合施工荷载要求,尤其遇地下室吊装,地下室顶模板、支撑还另需考虑大型机械行走因素,每平方米支撑数,必须根据载荷要求。拆模时,临时支架必须牢固,不得用拆下的模板作支架。脚手板搁置必须牢固平整,不得有空头板,以防踏空坠落。混凝土板上的预留洞,应在施工组织设计时就做好技术交底(预设钢筋网架),以免操作人员从洞口坠落。封柱子模板时，不准从顶部往下套。禁止使用50mm×100mm木料作顶撑。

第二节 滑升模板工程

滑模平台在提升前应对全部设备装置进行检查，调试妥善后方可使用，重点放在检查平台的装配、节点、电气及液压系统。平台内，外吊支架使用前，应一律安装好轻质牢固的小眼安全网，并将安全网从外吊脚手底部包到靠紧混凝土壁的吊脚手里栏杆上，经验收合格后方可使用。为了防止高空物体坠落伤人，筒身内底部，一般在2.5m高处搭设双层保护棚，双层间距不小于600mm，并宜在上部铺一层6～8mm钢板防护，或5cm厚木板。避雷设备应有接地线装置，平台上振动器、电机等应接地或接零。通讯设备除电铃和信号灯外，还应装备3～4台步话机。滑升模板在施工前，技术部门必须做好确实可行的施工方案及滑移示意，操作人员必须严格遵照执行。滑模在提升时，应统一指挥，并有专人负责测量千斤顶，平台应保持水平，升高时出现不正常情况时，应立即停止滑升，再找出原因，并制定相应措施后方准继续滑升。六级以上大风及大雨、大雪、打雷、冰冻时必须停止作业，并切断电源，锁好开关箱。滑模施工设计时，必须注意施工过程中结构的稳定和安全，必须编制专项施工方案，操作人员必须熟悉滑升模板工艺知识。滑模施工工程操作人员的上下，应设置可靠楼梯或专用施工电梯。采用降模法施工现浇楼板时，各吊点应加设保险钢丝绳。滑模施工中，应严格按施工组织设计要求分散堆载，平台不得超载且不应出现不均匀堆载的现象。施工人员必须服从统一指挥，不得擅自操作液压设备和机械设备。滑模施工场地应有足够的照明，操作平台上的照明采用36V安全电压。凡患有高血压、心脏病及医生认为不适于高空作业者，不得参加高空滑模施工。经常检查滑轮、钢丝绳、绳卡、千斤顶、卷扬机等的工作状态，不得带"病"作业。

第三节 大模板堆放、安装、拆除作业

平模存放时应满足地区条件要求的自稳角，两块大模板应采取板面对板面的存放方法，长期存放模板，应将模板连成整体。大模板存放在施工楼层上，必须有可靠的防倾倒措施，不得沿外墙围边放置，并垂直于外墙存放。没有支撑或自稳角不足的大模板，要存放在专用的堆放架上，或者平堆放，不得靠在其他模板或物件上，严防下脚滑移倾倒。模板起吊前，应检查吊装用绳索、卡具及每块模板上的吊环是否完整有效，并应先拆除一切临时支撑，经检查无误后方可起吊。模板起吊前，应将吊车的位置调整适当，做到稳起稳落，就位准确，禁止用人力搬动模板，严防模板大幅度摆动或碰倒其他模板。筒模可用拖车整体运输，也可拆成平模用拖车水平叠放运输，平模叠放时，垫木必须上下对齐，绑扎牢固，用拖车运输，车上严禁坐人。在大模板拆装区域周围，应设置围栏，并挂明显的标志牌，禁止非作业人员入内。组装平模时，应及时用卡具或花篮螺栓将相邻模板连接好，防止倾倒。全现浇结构安装作模板时，必须将悬挑担固定，位置调整准确后，方可摘钩，外模安装后，要立即穿好销杆，紧固螺栓。安装外模板的操作人员必须系挂好安全带。在模板组装或拆除时，指挥、拆除和挂钩人员，必须站在安全可靠的地方方可操作，严禁人

员随模板起吊。大模板必须有操作平台、上下梯道、走道和防护栏杆等附属设施，如有损坏，应及时修理。拆模起吊前，应复查穿墙销杆是否拆净，在确无遗漏且模板与墙体完全脱离后方可起吊，拆除外墙模板时，应先挂好吊钩，紧绳索，再行拆除销杆和担。吊钩应垂直模板，不得斜吊，以防碰撞相邻模板和墙体，摘钩时手不离钩，待吊钩吊起超过头部方可松手，超过障碍物以上的允许高度，才能行车或转臂。模板就位和拆除时，必须设置缆风绳，以利模板吊装过程中的稳定性。在大风情况下，根据安全规定，不得作高空运输，以免在拆除过程中发生模板间或其他障碍物之间的碰撞。模板安装就位后，要采取防止触电的保护措施，要设专人将大模板串联起来，并同避雷网接通，防止漏电伤人。大模板拆除后，应及时清除模板上的残余混凝土，并涂刷脱模剂，在清扫和涂刷脱模剂时，模板要临时固定好，板面相对停放的模板之间，应留出50~60cm宽人行道，模板上方要用拉杆固定。

第四节 大模外墙板存放、安装作业

预制外墙板运到现场后，要将起重卡环卡紧后，方可拆开墙板与平板车的连接件，以避免卸车时因平板车停放不平而发生墙板倾倒事故。墙板应竖直插放于墙板固定架内，严禁依靠其他物体存放墙板，固定架下脚应有可靠的连接固定措施，插放墙板时先将板两侧卡好，再拆掉卡环，固定架高度不小于墙板高度的四分之三。要经常检查固定架的稳定情况，发现问题及时加固，插板架上面应搭设宽度不小于50cm的走道和上下扶梯道，以利操作。墙板就位前，必须根据设计标高做好找平，然后根据墙板平面布置就位，就位后应用花篮卡具卡在横墙板上，预留钢筋要同预埋铁件焊牢，方可摘掉吊环卡具。

第十二章 钢筋工程

第一节 基本要求

钢筋断料、配料、弯料等工作应在地面进行，不准在高空操作。搬运钢筋要注意附近有无障碍物、架空电线和其他临时电气设备，防止钢筋在回转时碰撞电线或发生触电事故。现场绑扎悬空大梁钢筋时，不得站在模板上操作，必须在脚手板上操作；绑扎3m以上独立柱头钢筋时，必须搭设操作平台。不准站在钢箍上绑扎，也不准将木料、管子、钢模板穿在钢箍内作为立人板。起吊钢筋骨架，下方禁止站人，必须待骨架降到距模板1m以下才准靠近，就位支撑好后方可摘钩。起吊钢筋时，规格必须统一，不准长短参差不一，细长钢筋不准一点吊。切割机使用前，须检查机械运转是否正常，有否二级漏电保护；切割机后方不准堆放易燃物品。钢筋头子应及时清理，成品堆放要整齐，工作台要稳，钢筋工作棚照明灯必须加网罩。高空作业时，不得将钢筋集中堆在模板和脚手板上，也不要把工具、钢箍、短钢筋随意放在脚手板上，以免滑下伤人。在雷雨时必须停止露天操作，预防雷击钢筋伤人。钢筋骨架不论其固定与否，不得在上行走，禁止从柱子上的钢箍上下。

第二节 冷拉焊接作业

一、钢筋冷拉

钢筋冷拉时，冷拉卷扬机应设置防护挡板，没有挡板时，应将卷扬机与冷拉方向成90°，并且应用封闭式导向滑轮。冷拉线两端必须装置防护设施。冷拉时严禁在冷拉线两端站人或跨越、触动正在冷拉的钢筋。

二、钢筋焊接作业

焊接作业人员必须持证上岗，严禁无证操作。焊接设备应符合安全使用要求；焊接作业现场环境应符合防火安全要求。焊机必须采用接零和漏电保护，以保证操作人员安全；对于接焊导线及焊钳接导线处，都应可靠地绝缘。大量焊接时，焊接变压器不得超负荷，变压器升温不得超过60℃，为此，要特别注意遵守焊机暂载率规定，以免过分发热而损坏。室内电弧焊时，应有排气通风装置。焊工操作地点相互之间应设挡板，以防弧光刺伤眼睛。焊工必须穿戴防护衣具，电弧焊焊工要戴防护面罩；焊工应立站在干燥木板或其他绝缘垫上。焊接过程中，如焊机发生不正常的响声，变压器绝缘电阻过小或导线破裂、漏电等，均应立即停机进行检修。

第三节　预应力张拉作业

张拉作业人员必须持证上岗，严禁无证操作。张拉器具、设备、锚具、夹具等均应按规定检验检测合格后方可使用。张拉前应编制专项安全技术措施方案，并有项目技术负责人签署张拉令后方可实施张拉作业。张拉现场周围应设置明显的标志以阻拦，严禁无关人员进入危险区域内，梁的两端应设有完善的安全防护措施，在张拉预应力筋时千斤顶后面严禁有人，已张拉完毕未压浆的梁，亦应注意这一点。张拉预应力筋时，均应由专人负责指挥，操作时严禁摸踩及碰撞预应力筋，在量测预应力筋的伸长及拧螺母时应停止开动千斤顶。选择高压油泵的位置时，应考虑在张拉过程中构件出现突然破坏时，操作人员能立即避开，油泵与千斤顶之间的所有连接点及钢管的喇叭口应完整无损，连接喇叭口的螺母应拧紧，油表接头处要用包布包扎，以防漏油射伤眼睛。千斤顶支腿必须与梁端的锚锭板接触稳固，位置正直对称。严禁多加垫铁。曲线预应力张拉时应使张拉力作用线与孔道中线末端的切线重合，直线预应力张拉时，应使张拉力作用线与孔道中心线重合。在高处张拉预应力作业，作业人员必须在符合安全标准的支架或操作平台上进行作业，在无临边防护或悬挂吊篮作业，作业人员必须系好安全带、挂好保险钩。用电设备及照明灯具，必须符合施工临时用电有关规定。

第十三章 堵漏及防腐工程

第一节 基 本 要 求

进入地下工程堵漏作业前,应检测是否有毒有害或易燃易爆气体,并应采取相应的通风排气与个人防护措施后才能进行堵漏作业。堵漏施工照明用电应将电压降到 36～12V 以下,并设置二级漏电保护,以防触电。配置促凝剂时,操作人员要戴口罩、手套。处理漏水部位,需用手接触掺促凝剂的砂浆时,需戴胶皮手套或胶皮手指套。高处作业必须搭设专用操作平台,作业人员系好安全带。

第二节 灌浆堵漏作业

灌浆施工前应严格检查工具、管路及接头处的牢靠程度,以防超过压力发生爆破伤人。有机化工材料均具有一定的刺激性和腐蚀性,操作人员在配置浆液和灌浆时应戴眼镜、口罩、手套等劳防用品,以防浆液误入口中或溅至皮肤上。丙凝浆液溅至皮肤上应立即用肥皂洗涤,氰凝浆液溅至皮肤上应用丙酮或酒精清洗,再用稀氨水或肥皂水洗净,涂上油脂膏。溅至眼睛里,需立即请医生处理。在通风不良的地方进行灌浆施工时,应有通风设备或排气设备。氰凝浆液具有可燃性,故施工现场要远离火源和禁止吸烟,并设置消防器材,注意防火。高处作业必须搭设专用操作平台,作业人员系好安全带。

第三节 油 漆 作 业

施工场地应有良好的通风条件,如在通风条件不好的密闭场内施工时必须安装通风设备,方能施工。作业场所必须按规定设置消防器材。在用钢丝刷、板锉、气动、电动工具清除铁锈、铁鳞时为避免眼睛沾污和受伤,需戴上防护眼镜。在涂刷或喷涂对人体有害的油漆时,需戴上防护口罩,如对眼睛有害,需戴上密闭式眼镜进行保护。在涂刷红丹防锈漆及含铅颜料的油漆时,应注意防止铅中毒,操作时要戴口罩。在喷涂硝基漆或其他具有挥发性、易燃性溶剂稀释的涂料不准使用明火。高处作业必须搭设专用操作平台,作业人员系好安全带。为了避免静电集聚引起事故,对罐体涂漆或喷漆应安装接地线装置。涂刷大面积场地时,(室内)照明和电气设备必须按防火等级规定进行安装。操作人员在施工时感觉头痛、心悸和恶心时,应立即离开工作地点,到通风处换换空气。如仍不舒服,应去保健站治疗。在配料或提取易燃物品时严禁吸烟,浸擦过清油、清漆、油的棉纱、擦手布不能随便乱丢。使用人字梯不准有断档,拉绳必须系牢并不得站在最上一层操作,不要站在高梯上移位,在光滑地面操作时,梯子脚下要绑布和胶皮。不得在同一支架垂直方向上数层同时作业。油漆仓库明火不准入内，须配备灭火机。不准装小太阳灯。

第四节 防腐处理作业

  树脂类防腐蚀工程中的许多原料都具有程度不同的毒性或刺激性，使用时或配制时要有良好的通风与防火防爆措施。操作人员应在施工前进行体格检查，患有气管炎、心脏病、肝炎、高血压者以及对某些物质有过敏反应者均不得从事防腐蚀工程施工作业。研磨筛分、搅拌粉状填料最好在密封箱内进行。操作人员应穿戴防毒口罩、防护眼镜、手套、工作服等防护用品，工作完毕应冲洗淋浴。施工过程中不慎与腐蚀或刺激性物质接触后，要立即用水或乙醇擦洗。采用毒性较大的材料施工时，应适当增加操作人员的工间休息。施工前制定有效的安全防护措施，并应遵守安全技术及劳动防护规定。

  在配制使用乙醇、苯丙酮等易燃材料施工现场，应严禁烟火并应备置消防器材，还要有适当的通风。配硫酸时应将酸注入水中，严禁将水注入酸中。在配酸现场应备有10%碱液和纯碱水溶液，以备中和洒出的酸液之用。配制硫酸乙酯时，应将硫酸慢慢注入酒精中，并充分搅拌，温度不可超过60℃，以防止酸雾飞出。配制量较大时应设间接冷却装置（如循环水浴）。操作人员必须戴好防护用品，操作时严防生漆同皮肤接触，面部可涂防护油膏保护。

  使用毒性或刺激性较大的涂料时，操作人员应穿戴防护用品和防毒面具，执行有关安全技术及劳动保护规定外，现场应注意通风，并适当采取操作人员轮换、工间休息、下班后冲洗、淋浴等安全防护措施。在密闭空间或地下管道内涂刷防腐涂料，必须采取机械通风换气，必须设置人员上下梯子，必须有专人现场监护，作业人员必须佩戴防毒面具，每隔1h必须上来休息换气一次。

第十四章 燃气带气工程

第一节 基本要求

一、安全措施

凡带气作业的工程，必须办理有关停气、降压手续，并制订详细的施工方案和安全技术措施，严格遵守带气作业审批制度，并得到安全主管部门的批准。在运行的燃气管道上动火作业须到输配管理单位办理动火申请审批，经批准并采取了有效的防范措施后方可动火，动火现场应指定专人负责监护。根据管线管理单位交底资料和施工图纸开挖样洞，必须采用人工开挖，在摸清地下管线分布情况后，采取相应保护措施。基础开挖深度达到1.5m时，必须做有效支撑，并设专人监护。施工现场配备足够的阻气袋，检查阻气袋是否完好有效，用空气吹充阻气袋后检查是否有泄漏。施工现场用护栏严密隔离，设专人管理，严禁明火和易燃物品。夜间带气作业应使用防爆照明灯具，严禁使用碘钨灯，灯具应尽可能设置在上风向。如遇天气气压低，风力小，现场可用防爆轴流风扇，强制通风，稀释泄漏燃气。停气与降压作业应事先通知用户。

二、防毒面具及消防器材

施工现场防毒面具、消防器材应符合下列要求：
(1) 检查防毒面具截止阀、减压阀是否完好有效；
(2) 检查空气瓶压力是否符合要求(瓶内压力须12MPa以上20MPa以下)；
(3) 检查呼吸器供气管是否正常有效；
(4) 检查消防器材是否完好有效(查压力表读数，查保险销)；
(5) 带气作业现场应选用1211灭火器或干粉灭火器。

第二节 带气作业

一、作业人员组织与防护

(一) 人员资格
燃气工程带气施工人员必须经过燃气安全教育，掌握安全操作规程，经燃气管道工考试合格以后方可以施工。并应了解燃气性质，懂得燃气中毒急救方法和消防知识，会熟练佩戴防毒面具带气施工操作。

(二) 人员配置及防护

带气作业现场，现场必须有明确的施工负责人，并应派专人负责作业场所警戒和禁火工作，专人负责调压、阻气孔监护和置换放散工作。管道钻孔、塞阻气袋、切割、焊接、撤除原有设备设施、拔阻气袋等作业时，必须戴好防毒面具，两人以上配合施工，且旁边需要安全监护人员，以便发现意外险情及时抢救。作业人员应穿戴纯棉或耐火的劳动防护用品，禁止穿带钉子的鞋子，杜绝火种。嵌梯镶接带气操作，必须有两人以上进行，必要时，戴上防毒面具。合理安排带气施工作业人员，根据接触燃气的情况，轮流作业、加强监护。

二、带气动火作业

当管道和设备处在室外空旷处，确认不会发生燃气聚积时，方可带气动火作业。带气动火作业时，降压作业应有专人控制压力，管内必须保证正压，其压力宜控制在500～800Pa；管内燃气压力不宜小于500Pa，严禁管内产生负压。新、旧钢管连接动火作业时，应先采取措施使新旧管道电位平衡。采取带气切割、焊接时，必须执行严格的动火审批制度，指定严密地动火技术方案。现场管道内燃气压力必须控制在400～600Pa的范围内，并有专人监视压力变化。焊、割点与氧气瓶、乙炔瓶以及其他可燃物品也应保持10m以上间距，氧气瓶与乙炔瓶之间应保持5m以上的间距，遇30℃以上气温时，对氧气瓶、乙炔瓶应采取遮阳措施，氧气瓶、乙炔瓶上的压力显示表、回火防止器等附件应完好有效。停气动火操作过程中，遇有漏气或窜气等异常情况时，应停止作业，待消除异常情况后方可继续作业。在管道嵌梯和镶接的两端焊接阻塞气袋法是短管，随后采用封闭式钻孔机钻孔，孔钻好后将阻气袋塞入管道内，并用竹片或其他非金属物件将阻气袋拨向管道气流端，然后向阻气袋内充气使阻气袋成球状阻塞管道气流。

三、带气切割

为保证电动割管机能沿被切割管子外圆面顺利切削，管壁离其周围障碍物的最小距离为500mm。在切割机切割管子时，应使用专用冷却润滑水对切割刀片与管子的接触点不停地进行冷却，以防止刀片过热或产生火星引起燃烧。操作人员应准备好黏土，以在切割机割穿管子时及时用黏土填好割缝，防止燃气从割缝内泄出。管道切割点两端安装阻气球时，应对阻气球做好保护，不使其损坏。带气施工必须使用铁锤等敲击金属时，应使用铜制工具或在敲击面上不断泼水防止产生火花，作业点内不准使用可能产生静电的物品。必须保证施工质量，接通的管件下必须垫实，垫块接触管道的部位要采用木块等柔性材料，接头和焊口必须在燃气的工作压力下用肥皂水检漏，一旦有泄漏点必须查明原因立即修复，待复验合格后方可恢复通气，必要时须会同输配管理单位重新停气或降压后返工。拆、装盲板时，应在降压或停气后进行，操作人员应戴防护面具，系安全带，并有专人监护。

四、放散

带气施工中的放散应设置在带气作业点的上风向，并保持安全距离。放散点数量与位置应根据现场条件确定，但管道末端必须设置放散点。放散管应避开居民住宅、明火、高压架空电线等场所，当无法避开居民住宅等场所时，应采取防火措施。放散管应高出地面

2m 以上。

五、通气

管道和设备抢修或维护作业后,应全面检查合格方可恢复供气。通气作业必须有严格的安全防范措施。恢复供气应事先通知用户。涉及用户的停气、降压工程,不应在夜间恢复供气。

六、检查与清扫

对带气管道及设备施工后,应作全面检查与清扫,防止燃气窜入夹层、窨井、烟道和地下设施等不易察觉的场所。恢复供气后,应进行复查。确认不再存在不安全因素后,施工人员方可撤离施工现场。

第十五章 养 护 工 程

第一节 基 本 要 求

必须有专职安全员全方位负责作业地段的安全工作。安全员的职责就是严格执行作业地段安全防护的有关规定。对于在公路上进行施工养护维修地作业人员，要进行专门的安全教育和养护作业操作规程的培训，分析事故隐患。每个进入公路上养护作业工地的人都必须身穿具有反光功能的黄色安全标志服。养护作业人员不得随意走出作业区，不得将任何施工机具延伸到或放到作业区外。严禁养护人员在路上拦截、搭乘其他过往车辆。在车道以外的地方进行养护作业时，作业人员不得随意进入车道范围，严禁作业人员在养护作业期间违反交通法规。作业人员不准随意变更交通控制区或扩大作业区。养护维修作业前应进行安全交底。养护维修现场要设安全设施，夜间应设置警示灯光信号。交通繁忙地段和高速公路养护维修作业时，要留有一定车道宽度，安排好工地专职人员维持交通，保证施工现场交通安全畅通。夜间养护维修应有足够的照明设备。养护维修现场临时安装的电器设备均要符合安全用电要求，并要有专职电工负责安装与管理。图纸上标明有地下管线时，施工中一定要有地下管线单位派出监护人在场，方能进行翻挖，操作人员必须听从管线监护人员指挥，不得擅自乱挖，不得使用机械开挖，以免发生事故。施工机具、机械车辆在路上行驶、停放，应遵守交通规则。施工现场必须设置好各种明显的安全标志，安全设施，夜间设置警示灯光信号，方能进行施工。便道便桥处要配备好足够照明设备。在交办工程任务的同时，要进行安全交底，并取得公安、公路交通、港监等有关单位的同意配合。对各种机械，电器设备应定期检查保养，指定专人操作和使用，其他人员不得随意私自乱动。桥梁养护时，首先要了解架设在桥上的各种管线，并要注意保护公用设施(煤气、水管、电缆、架空线等)。必要时事先要与有关单位联系，取得配合。

进桥身、墩台内部检查时，必须事先熟识桥梁结构情况。作业时先敞开洞门，使空气流通，待内部空气确无异味后，方可入内。在洞内应用手电筒照明，严禁吸烟。养护作业人员应根据操作的实际情况，正确配置使用劳动防护用品。

第二节 道路养护(一般道路、高速公路)

一、柏油(沥青)

不得用油桶和烘篮代替柏油炉加热。喷油车及柏油炉加热设备必须安置在空旷地点，不得放在易燃易爆物品仓库、高压线之下和行人密集场所附近，以防火灾。万一油类起火，不得用水灭火。盛油不得超过柏油炉和喷油车盛油箱体的五分之四。发现盛油炉设备有积水必须放掉、揩净。熔油时要注意油温,发现油涨现象,应立即退火降温,并用木棒在锅内慢慢搅动,防止热油溢出引起火灾。喷油车的橡皮管不要靠近烟囱,防止橡皮烤焦老化。喷洒作业前要检查喷枪头子有否阻塞现象。油不喷射时,喷枪头子应放在锅内,枪眼朝下,并关闭阀门,防止柏油喷出伤人。托运喷油车时,烟囱要放倒,要以推车方式,不要以拉车方式,以防车脚脚跟碰地。要随时注意漏油漏火情况,防止发生火灾。喷油时,操作人员应站在上风。要注意来往行人、车辆及路边晾晒物。喷油结束关闭油门,打尽喷枪及皮管中的剩油,退尽炉内余火。喷油车要经常检修,喷枪开关螺栓,皮管头子与出油管的头子以及喷枪头子要旋紧扳正,防止脱节喷出热油伤人。如发现油路阻塞要放气减压,关闭开关后进行检查修理,防止热油喷出。发现皮管老化应及时调换。

二、整肩开沟

施工现场须放置红白安全带、安全锥等安全设施。挖沟时须穿戴好防护用品,不准赤脚下水操作。使用洋镐、铲及锄头等工具操作时,要保持一定间距,注意前后左右情况,以免伤人。开沟、整肩下来的土方要靠路边堆放,不要影响交通,并要及时清理。

三、烘油

现场须设置醒目的红白安全带、安全锥等安全设施。烘油现场要准备好黄砂、灭火器等,发现浓烟或漏油要及时采取措施,防止发生事故。烘油前做到油桶内不得有水,烘油不准放在下风位置。油架子支撑要牢固,生火不用汽油点燃。搬动柏油桶要集中思想,烘油时操作人员不准擅自离开现场。发现险情要迅速采取措施,防止火灾发生。救火时不准用酸碱水泡沫灭火机或水扑救。操作时穿戴好手套、口罩、工作鞋等防护用品,皮肤外露部位涂好防护膏。不准赤膊操作。使用通条,不准正面站立操作,要站在上风侧面,以防柏油喷出伤人。

在工地烘油,烘油人员应集中思想注意烘油情况,不要与外人交谈引起疏忽大意。

四、倒油

有条件的应用柏油抽油器操作。人工操作时,先用麻袋盖住上口,移动油桶要谨慎小心配合得当(一般要求两人操作)。防止油桶倒下压伤脚。烘油倒入柏油炉子时要小心,防止柏油溅出伤人。一般要求先用勺子盛入炉内,等剩半桶后再倒入炉内。柏油车内不准装得太满,以防拖拉时溢出伤人。为确保行车安全,严禁用汽车等拖拉柏油车,以防事故发生。

五、浇油

操作现场设置明显的安全设施,交通繁忙地段施工要派纠察人员维持交通。手摇柏油炉子的操作人员要集中思想,互相配合,手摇不动时不准硬摇。喷洒作业前要试枪头好坏。不准开着油阀将枪头塞在油炉内,防止柏油喷出伤人。进入油站灌装热油时不准带入火种,运输途中速度要减缓,炉油不能装得太满。机浇柏油驾驶员与操作工要互相配合,明火加温要注意安全,达到油温后及时熄灭火种。柏油炉子使用完毕,要安放在工地上适当位置或拖回道班房，同时要撤尽炉膛内火种并加以熄灭。堆放烧油石料要靠路边，用剩下的石料及时清理或集中堆放。

六、撤炉

车辆在行进时禁止操作人员站在汽车、拖拉机、翻斗车上进行撒砂，以防止刹车而造成人员事故。道班机动车辆进入工地或回道班房，车上人员不准坐在栏杆上，以防止跌伤。

第三节 下水道养护（下井、下池、封拆头子）

一、清捞

开启进水口，必须用工具，不可用手拉。开启进水口后，操作人员不得离开，否则应将盖子盖好后方可离去。捞污泥，要当心工具杆把手柄不横倒，按顺路方向靠道边放倒，注意过往车辆和勿碰及行人。污泥车上要竖立警示牌，工作时不准横在路上，注意过往车辆交通安全。污泥车必须停靠在非主要马路的路边，晚上设置有效警示灯光信号。

二、摇车通沟

不准在开启井盖时将头伸进井中观看，以防中毒，开启井盖后，严禁吸烟及火种接近，防止有易燃气体燃烧，开启井盖后应有人监护或设安全护栏加以防护，以防过往行人坠落。摇车必须有防护罩，要严密罩好。工地安置摇车，应设在窨井 2～3m 处（迎车辆的行进方向放置安全护栏和红白带等设施）。疏通工具应放在路栏的内侧，不得横在路中。摇车摇绳时，先检查滑轮架是否放平稳，钢丝绳在滚轴上必须并排整齐，排列钢丝绳可用弯钩纠正，不得直接用手操作。溜放钢丝绳和铁牛不得过快，前后摇车摇互相配合，统一指挥，以防钢丝绳脱离车伤人和摇车柄打伤人。钢丝绳上在摇车时如挂垃圾，不准用手拿。铁牛摇不动时，来回要慢摇几次，摇车翘起时，要放松钢丝绳，人不准踏在摇车上跳压。抽竹片和捞污泥时要注意行人和车辆以及商店橱窗，防止击伤人。操纵人员不得离开工作岗位，行人不准进入现场围护栏内，以防被摇车砸伤或失足坠入井内。机动摇车发动抽拉绳子时，要注意来往行人，防止抽绳时碰伤他人。污泥拖斗停放要妥当，不可妨碍交通，污泥卸入后应将盖子盖好。

三、机动吸泥机

驾驶员和操作人员必须集中思想谨慎驾驶，特别是狭窄路面，注意障碍物和行人安全。吸泥车停放位置要适当，橡皮管放在车前，车上车下操作人员要配合，防止橡皮管突然滑下伤人。

四、水力通沟

冲水车枪头要对准进水口，防止水枪冲在行人身上和枪头脱手伤人。工作人员上下车时要拉牢坐稳，车未停妥，不得上下。动冲水车在行驶中，驾驶室不准载坐非工作人员。

水力通沟的潮闸门，开关要掌握载水位高度，防止水过高溢上路面。放水时拉浮牛尾巴绳的和前一只井的人员都要准备好，防止奔跑跌倒。

五、捞浜

操作时脚要站稳，在河坡陡的地方要将坡挖成阶梯，防止失足坠落，采用跳板要注意质量，并做好防滑措施。使用铁勺捞浜时，要防止竹柄碰到附近电线及房屋。

六、下窨井、封拆头子

严格执行下池下井申报制度，在上级主管部门批准并落实安全措施后方可下井下池操作。在下池下井前，必须弄清管径，流量缓急江河潮汐水位等情况，并将附近窨井盖打开3只以上（井口用安全护栏护好）10min后，在做好防护措施（穿着防毒面具、防毒口罩、橡皮衣、安全带、安全帽等）方可下池下井，必要时用硫化氢、二氧化硫等毒性气体测试仪测试含毒气体程度。池和井周围严禁吸烟。下池，下井工作后，上面监护人员不得少于两人，监护人员必须集中思想，注意井下人员操作动态，监护人员必须拉住下井操作人员安全带，并随时与下面操作人员取得联系。封头子要先封上游，后封下游。拆头子要先拆下游，后拆上游，并要封得牢靠拆除干净。下井操作人员在洗刷井池管壁时不准直接用手，以免手被垃圾划破，引起破伤风等病症。下池下井如需照明，应用干电池灯，不准用行灯和电石灯。

第四节 桥 梁 养 护

施工现场要有明显的安全标志。高空作业要有牢固的安全设施，严禁操作人员不戴安全带在桥梁栏杆构筑物外侧，进行操作。各种手持工具的木柄要装牢，使用时要紧握，防止失手坠落伤人。小工具要放在工具袋内，扳头要穿有绳子，使用时绳子绕在手上，防止扳头脱落。跳板要放稳，防滑。桥面作业时，要放置安全护栏、红白安全带等安全设施。车辆多的地方，必须安排专职纠察维持交通。废旧木料和拆下来的旧模壳板，应及时拔出铁钉（或敲弯）堆好，防止伤手、戳脚。桥梁养护时，首先要了解架设在桥面上下的各种管线，并要注意保护公用设施（煤气、水管、电缆、光缆、架空线等）。必要时事先要与有关管线单位联系，取得配合。进桥身、墩台内部检查时，必须事先熟识桥梁结构情况。作业时先敞开洞门，使空气流通，待内部空气确无异味后，方可入内。在洞内应用手电筒照明，严禁吸烟。拆桥施工中使用空压机、风镐或敲碎大石块时，必须戴好安全帽和防护眼镜，防止石片击伤。使用劳动车，手推车装运材料时，要防止车子跷翘头和车子砸伤。

第五节 高 架 道 路

一、基本要求

由于高架道路的养护维修作业往往是在保证车辆通行的情况下进行的，因此具有较高的风险性。在高架道路上进行养护维修作业,除了通常的施工操作的安全问题外,还应做好交通组织及安全保护措施,此外,还应做好高架道路下面的车辆和行人的安全。养护作业人员身穿的安全标志服和头戴安全帽应是鲜艳的橘黄色并具有反光功能。养护作业人员在作业时严禁违反交通规则。养护作业人员在安全教育时,需有事故隐患分析和防患的内容。

二、汁封闭交通

(一)半封交通

1. 半封交通时的安全保护区的布置

(1)过渡区:

设置过渡区是为了防止车流在改变车道时发生突变,使车流变化缓和平滑。

(2)缓冲区:

缓冲区的设置主要是防止驾驶员判断失误,直接从过渡区闯入作业区,那么缓冲区提供了一个缓冲的空间,在车辆到达作业区之前采取紧急自动措施,避免事故发生。在缓冲区内一般不准堆放东西。在缓冲区与上游过渡区之间应设路障。

(3)养护维修作业区:

作业区是养护作业工作、堆放筑路材料、停放施工机械的地方,其长度根据作业需要而定。在作业区与开放交通的走道之间要有明显的隔离装置。

(4)警告区与终止区:

警告区与终止区分别设置在上游过渡区之前和下游过渡区之后面。

2. 半封闭交通时安全保护区的具体措施

高架道路养护作业半封闭交通时安全保护区的具体措施应符合下列要求:

(1)警告区:

警告区段应有显示前方正在进行作业的规范化的标志牌,警告区的长度应不小于100m,并限速20km/h。各标志牌之间的距离为25m,标志牌应符合国家有关规定。

(2)上游过渡区的长度按表15-1的规定执行。

半封闭上游过渡区长度表　　　　　　表15-1

限制车速(km/h)	关闭车道宽度(m)				
	2.5	3.5	3.75	7.5	11.25
15		10	13	20	30
20	10	10	15	25	35
40	30	30	40	70	100
60	60	60	90	150	240
80	120	180	210	300	480

(3)缓冲区:

位于上游过渡区及作业区之间的区段,为防止驾驶员一旦失误直接闯入作业区而设置的缓冲路段。其长度见表15-2中所列缓冲区与上游过渡区应设路障。

半封闭缓冲区长度表					表 15-2
限制车速(km/h)	15	20	40	60	80
缓冲区长度(m)	30	40	80	120	160

（4）养护维修作业区应留有人员和机具材料等地出入口，出入口应设置在作业区下游的末端，作业区两侧应有防护栏等防护与隔离措施。

（5）下游过渡区和终止区：车辆驶离作业区旁侧的狭窄路段后，在标志牌的诱导下变换车道，恢复至原车道行驶，其长度视具体情况而定。

（二）全封闭交通

1. 全封闭交通时的安全保护措施

（1）在施工作业保护区后方上匝道入口处设置指示前方施工，车辆禁入等内容的标志并布置纠察。

（2）在施工作业保护区后方的下匝道出口处设置指示前方施工车辆禁入等内容的标志并布置封交指示车辆及纠察。让主车道上的车辆由下匝道行驶至地面道路。

2. 交通标志

（1）前方施工，车辆禁入等标志牌。

（2）临时安全隔离和禁入及导向标志。

（3）交通导向标志。

三、车辆与人员流动作业

流动作业是指清扫车、牵引车、洒水车、冲水车、捡垃圾车、绿化浇水车、吊车、登高车等施工车辆的行走作业。流动作业时，车辆必须开启双跳灯、警示灯或导向箭指示牌，车辆不得任意变道、调头、倒车和逆向行行驶。车辆应限速行驶，清扫车限速 5～10km/h，牵引车限速 20km/h，洒水（盐）车限速 10km/h，冲水车限速 5～10km/h，绿化浇水车限速 5～10km/h，施工车辆限速 20km/h。一般不允许跟车人员下车，特殊情况人员必须在车辆前方内侧作业，作业一段车辆向前移动一段，作业人员必须特别加强自我保护意识，切勿任意走动。在车道内流动作业时严禁作业人员随意下车进入车道范围内。

四、养护安全管理

养护作业现场应设置明显标志和采取有效的安全措施，以保障行车和作业人员的安全。必须采取各种防护措施，严防坠落物和飞溅物伤害下面的过路行人和车辆。应有专职的安全人员对施工作业安全进行监督和交通疏导。每个进入高架道路上作业的人员，都必须身穿具有反光功能的安全标志服和头戴安全帽。养护作业人员不得随意走出安全保护区，不得将任何施工机具和材料置于安全保护区外。在不设安全保护区的地方作业时，应尽可能减少对交通的影响。必须对养护作业人员进行安全教育和技术培训，养护作业人员不准随意变更安全保护区域扩大作业区。大雾、大雨、冰雪天时，应暂停养护作业，在高架道路清除冰雪时，宜封闭交通或严格控制交通。交通安全措施应以严格的安全防范同合理的交通疏导相结合为原则。在制定安全措施时既要考虑作业人员，又要考虑安全保护区外的车辆通过时的安全性和便利性。

第六节　养护维修作业控制区安全布置要求

一、高速公路及一级公路

（一）基本要求

养护维修作业控制区布置应考虑养护维修作业的内容与要求、时间和周期、交通量、经济效益等因素，控制区内交通标志的设置必须合理、前后协调，起到引导车流平稳变化的作用。工作区应设置工程车辆专门的进口和出口，出入口应设在顺行车方向的下游过渡区内。同一方向不同断面的相同车道同时维修作业，下游工作区距上游工作区1000m以上时，应在下游工作区前端设置施工标志。同一方向不同断面的不同车道不宜同时维修作业。当必须同时维修作业时，其控制区布置间距，高速公路应不小于1000m，一级公路应不小于500m。应利用作业区上游的可变信息标志显示"前方××公里封闭车道施工，请谨慎驾驶"的信息。

（二）养护区作业控制区布置

在警告区应设置施工标志、限速标志和可变信息标志或线形诱导标志等；在上游过渡区起点至下游过渡区终点之间应放置锥形交通路标；在缓冲区与工作区交界处应设置路拦。当布置改变交通流方向的作业控制区间时，可与中央分离带开口位置相结合，利用非作业控制区一侧的车道。当警告区范围内有入口匝道时，应在匝道右侧路肩外设置施工标志。立交区进出口匝道养护维修作业控制区的布置，应根据工作区在匝道上的具体位置和匝道的长度而定，当匝道长度比规定的警告区最小长度短时，作业控制区最前端的交通标志可设置于匝道的起点处当养护维修作业位置移动时，可按实际条件作适当简化。

二、二/三级公路养护

（一）基本要求

控制区布置应兼顾养护维修作业的内容与要求、时间和周期、交通量、经济效益等因素，控制区内交通标志的设置应前后协调，起到引导车流平稳变化的作用。控制区上游因道路线形造成视距不良时，应在控制区上游的适当位置处增设施工标志。

（二）养护维修作业控制区布置

在警告区内应设置施工标志、限速标志和可变信息标志或线形诱导标志等；在上游过渡区起点至下游过渡区终点之间应放置锥形交通路标；在缓冲区与工作区交界处应设置路拦；在工作区周围应设置施工隔离墩或安全带。控制区内其他安全设施可以视具体情况而定。路段养护维修作业时，对于单向通行的情况，除必要的安全设施外，必须在工作区两端各配置一名交通指挥人员或设置交通信号控制灯。当工作区位置处于视距不良的路段时，应在控制区内增加施工标志；当双车道的一个车道封闭作业时，工作区两端均必须配备交通指挥人员；但当单向两车道的其中一外侧车道封闭作业时，工作区下游可不配备交通指挥人员。

当对整个路面进行养护维修作业时，应修筑临时交通便道，以保证车辆通行。临时路面标线应使用黄色；控制区内必须设置路拦和施工警告灯；作业车必须安装施工警告灯；

所修筑的交通便道应画道路轮廓线并应设置可渠化交通的安全设施。

在路肩上养护维修作业时，其控制区的布置必须保证紧靠路肩的车道宽度大于3m；作业车上必须安装施工警告灯；若设置移动式标志车，可不设过渡区；当交通流量较大时，必须封闭紧靠路肩的车道，并按车道封闭要求布置控制区。

养护维修作业周期在半天以内时，控制区应布置在上游过渡区宜设置移动式标志车；作业车上必须安装施工警告灯；在移动养护作业时，移动式标志车应与作业车保持50～100m的间距。

第二篇
安全生产事故案例

第十六章 2008年××市市政公路安全生产事故

第一节 概 述

2008年××市共发生安全死亡事故18起死亡18人。其中轨道交通工程6起6人，水务排水工程4起4人，市政工程2起死亡2人，公路工程6起死亡6人。综合对2008年各事故案例的分析，存在共性问题如下：

(1) 管理不到位。其中13起事故大部分发生在夜间和周末施工，现场缺少安全管理，作业部位缺少安全监护，现场只有分包作业人员，无总包管理人员。

(2) 措施不落实。多起事故均存在着措施不到位的现象，如"4.6事故"防腐涂料作业，管道内缺少送排风措施，造成苯严重超标导致1死2伤的事故。几起事故均存在着安全设施和作业环境有缺陷的现象，特别是应急预案缺乏针对性和可操作性，现场缺少医疗急救器材和医院的辨识，其中2起事故就是由于应急处置不当，延误了人员抢救时机。

(3) 事故教训不吸取。从事故类别来说，这几起事故均为建筑行业的高发事故，以往已有很多血的教训，特别是中毒事故更为近年来重点整治的项目，但个别单位依然未引起高度重视，类似事故重复发生。

(4) 安全教育走过场。有3起事故为上午刚进场人员，下午就发生死亡事故，安全教育搞形式，走过场，3起事故作业前均未实施安全交底，记录为造假。没有从根本上增强新进人员的安全意识和提高个人自我保护能力。

第二节 案 例 分 析

案例一 某桥梁工程辅助吊装机构起重伤害事故

(一) 事故经过

2008年1月某日14时20分左右，在××市某公司承建的某大桥主桥工程施工现场，三个工人在主墩下横梁处为为配合垂直起吊钢结构进行五门葫芦的移位，一人牵引指挥，二人分别操作牵引的卷扬机，突然用于拉葫芦的钢丝绳瞬间激烈抖动，并弹击在紧靠着站在钢丝绳边的那个牵引葫芦人员的头部，项目部立即送其至医院抢救，经抢救无效死亡（图16-1）。

(二) 直接原因

导向葫芦偏心受力，导致导向的葫芦地锚底角的三只螺栓（共4只）松动造成拉葫芦的钢丝绳激烈抖动并弹击在紧靠着站在钢丝绳斜侧向受拉方位置的人员头部。

图 16-1 案例一事故现场图

（三）间接原因

（1）由于原同一垂直面直线位置的一台卷扬机发生故障，改用右侧不同垂直面的卷扬机，使导向葫芦偏心受力，且未改变相应作业指导方案。

（2）现场对卷扬机、地锚等设备、设施缺乏定期的检修保养，未能及时发现和消除设施的安全隐患。

（3）特殊工况作业时，缺乏有效的安全监护措施，不同作业面协调指挥人员与牵引葫芦人员为同一人进行，且其站位不当。

（四）事故防范

安全站位，在起重作业中有些位置十分危险，如吊杆下、吊物下、被吊物起吊前区、导向滑轮钢绳三角区、快绳周围、站在斜拉的吊钩或导向滑轮受力方向等，如果处在这些位置上，一旦发生危险极不易躲开。所以，起重作业人员的站位非常重要，不但自己要时刻注意，还需要互相提醒、检查落实，以防不测。

案例二　某污水处理厂改造工程污水管道清淤作业中毒事故

（一）事故经过

2008年2月某日，在××市某公司承建、某建筑工程有限公司专业分包的某污水处理厂改造工程，作业人员周××在进行污水管道冲刷淤泥作业时，吸入管道淤泥中留存的硫化氢，引起中毒伤亡事故。

（二）直接原因

周××下污水管道内冲刷淤泥作业，淤泥中留存的有毒气体硫化氢经搅动挥发，致使周××等作业人员吸入过量硫化氢中毒伤亡。

（三）间接原因

（1）专业分包单位在安装污水管道内清淤作业时未执行作业许可程序，未建立相应的应急预案，也未指定专人监护，现场无监控。

（2）周××等下污水管道清淤作业无安全作业操作票，未对污水管道中的空气进行检测，未执行作业安全规程。

（3）现场对进入可能存在硫化氢气体的空间的安全防护设施设置不到位。专业分包单位项目部未给作业人员配备便携式报警仪、自给式呼吸保护器、救生带、并配备移动或便携式的通风设施。

（4）专业分包单位安全管理漏洞大。未把作业现场的危险因素告知作业人员，周××等人未进行必要的安全教育培训就从事下污水管道清淤的危险作业。

（5）总包单位对分包单位危险性较大的作业安全管理缺失、缺位或失控。

（6）监理单位对现场监管不力，未能体现对危险性较大的作业的专项监督，危险作业未旁站。

（四）事故防范

硫化氢（H_2S）是无色气体，有特殊的臭味（臭蛋味），易溶于水；比重比空气大，易积聚在通风不良的城市污水管道、窨井、化粪池、污水池等低洼处。硫化氢属窒息性气体，是一种强烈的神经毒物。硫化氢浓度在 $0.4mg/m^3$ 时，人能明显嗅到硫化氢的臭味；70～$150mg/m^3$ 时，吸入数分钟即发生嗅觉疲劳而闻不到臭味；超过 $760mg/m^3$ 时，短时间内即可能引起生命危险；超过 $1000mg/m^3$，可致人发生电击样死亡。

凡进入密闭式的沟、池、罐及下水道、污水井等危险环境作业时，必须填写安全作业操作票，经企业安全部门审批后，方可进行作业；同时，都应制定作业许可程序、作业安全规程、安全措施和应急预案，明确作业负责人、作业人员和外部监护人员的职责；作业现场应具有对有害气体浓度、氧含量等进行检测的手段。要为作业人员配备便携式报警仪、满足实际需要的氧气呼吸器或长管呼吸器，配备救护带、救护索等防护设施；凡不宜装设固定式通风系统的，必须配备移动或便携式的通风设施。禁止在未采用任何防护措施的情况下私自清理下水道。

案例三　某轨道交通隧道区间工程电机车车辆伤害事故

（一）事故经过

2008年3月某日，在××市某公司承建的某轨道交通区间工程，分包单位电机车驾驶员骆××第一天上班，未当班。晚上21:30分，他独自一人来到隧道内电机车行驶区域，被行驶中的电机车挤压，经抢救无效死亡。

（二）直接原因

电机车驾驶员骆××在非作业时间擅自进入电机车行驶区域，不慎被电机车挤压。

（三）间接原因

（1）隧道内人行通道到盾构机车之间未及时设置网格走道板，通道不严密规范。

（2）禁止通行的区域未设置警告标志。

（3）项目部现场安全检查管理不到位，未能及时发现并消除现场安全设施不到位的情况。

（4）本工程开工至发生死亡事故时，还未实施报监手续。

（四）事故防范

要把施工现场禁止区域当作雷区来管理，促使安全设施规范到位，并使每个人树立雷区意识。

案例四　某污水治理顶管防腐涂装工程有毒气体中毒事故

（一）事故经过

2008年4月某日下午6时30分左右，某污水治理顶管防腐涂装工程，施工单位某建设发展有限公司施工人员钱××等3人在进行新建污水管道防腐涂料施工作业时，发生一起一人当场死亡、两人昏迷的有毒气体急性中毒事故。

（二）直接原因

作业管段通风措施未落实，导致防腐涂装材料中具有的有毒气体苯在事发区域积聚，致使3人急性中毒。

（三）间接原因

（1）分包单位某建设发展有限公司没有按照该工程顶管防腐涂装施工方案的规定进行施工，没有设置排风送风等必要的设施设备，没有提供有毒有害气体检测仪器。

（2）分包单位某建设发展有限公司无《安全生产许可证》，不具备本项工程的施工资格，顶管防腐涂装施工安全管理混乱。

（3）分包单位某建设发展有限公司未告知施工人员本作业的危险性，施工人员缺少对有毒有害气体的防范常识，在作业过程中现场安全监护人员也未明确。

（4）总包单位江苏某建设工程有限公司承发包管理乱。对分包单位资质审查不严，对分包队伍的安全管理缺失、缺位或失控。

（5）监理单位上海某监理有限公司对顶管防腐涂装施工场所存在的严重安全事故隐患、施工单位无证施工等问题失察失管，未承担起对建设工程安全生产的监理责任，危险作业缺旁站。

（四）事故防范

凡进入密闭式的沟、池、罐及下水道、污水井等环境作业时，哪怕是新建工程中，也应参照有毒有害气体场所施工要求实施安全措施。防腐涂装作业场所应有安全防护措施，有防火和通风措施。

案例五　某桥梁工程主塔内支架坍塌事故

（一）事故经过

2008年4月某星期日上午10时左右，某建筑公司在某桥梁工程施工中，安排电焊工陈×、李××在主塔筒体内126m处进行焊接钢楼梯时，塔内自离地面148m处的支架受力失稳部分坍塌，钢管等坠物堆积造成陈×身体被多处击打，李××因有楼梯转角平台遮挡而无碍，事发生后项目部将陈×送至医院，经抢救无效死亡（图16-2）。

图16-2　案例五事故现场图

（二）直接原因

主塔内腔内满堂落地支架立杆、横杆在同立面多处被割断，造成支架架体结构稳定性破坏；同时，在可变荷载(施工荷载)施加下，支架的荷载超过其承载能力造成架体坍塌。

（三）间接原因

(1) 进行钢楼梯作业电焊人员未征得同意，擅自割断与钢楼梯安装部位交互的支架构件，且未采取相应加固措施。

(2) 当时作业人员将定型钢楼梯构件在被破坏结构的支架的同立面集中(从下至上)放置，并使用手动葫芦挂设于支架上吊装钢楼梯构件。

(3) 项目部未对主塔内腔内安装钢楼梯涉及的危险性情况未作辨识并制定相关的安全技术措施，对本项目不易查看的施工部位缺乏可控措施，安全交底针对性不强。

(4) 对施工作业现场缺乏安全监督检查，在较长时间内未能发现钢楼梯安装过程中随意切割支架架体的违规情况，也缺少节假日施工作业的管理措施。

(5) 事故发生后应急救援处置不当，选择医院有误，延误了最佳抢救时机。

（四）事故防范

大量的工程实践表明，桥墩内、电梯井、采光井等特殊部位，用作施工中制模、安装等作业的支架，最容易发生坍塌事故。这些部位往往是各方监督检查的盲区，却是作业人员经常为图方便或施工冲突从而违章作业的多发区。

案例六　某工程预制梁场弯曲机机械伤害事故

（一）事故经过

2008年5月某日下午15：30时，由某建筑劳务公司在某工程的预制梁场内，一名钢筋工在制作螺旋筋时，由于上衣左手袖口卷入弯曲机，导致左臂缠绕撕断，送医院抢救，失血过多休克死亡(图16-3)。

（二）直接原因

钢筋工作业时未穿袖口收口的工作服，由于上衣左手袖口卷入弯曲机，导致左臂缠绕撕断，失血过多。

（三）间接原因

(1) 盘圆钢筋放置位置不当，钢筋工不得已站在弯曲机开关另一侧；弯曲机未设置专用开关箱。以上两个因素造成事故发生时作业人员不能采取自己切断电源应急自救。

图16-3　案例六事故现场图

(2) 该劳务公司项目部安排作业不当，检查教育不力。现场作业缺少监护，现场仅一人单独作业；现场对未对施工现场的机械和安全用电进行及时检查，消除隐患，平时对操作工人的安全教育不到位。

(3) 总包单位和监理单位对预制场现场失察，没有发现和消除作业环境的安全隐患。

(4) 应急预案无用，场区缺少医疗急救器材(止血带等)，选择医院辗转有误，延误了最佳抢救时机。

(5) 本工程开工至发生死亡事故时，还未实施报监手续。

案例七 某轨道交通车站工程高处坠落死亡事故

（一）事故经过

2008年6月某日下午5时左右，在某公司承建的某轨道交通车站工程，劳务分包台州某建筑劳务公司现场试验工袁××前往施工现场（动机不明），行走在基坑内的第三道混凝土支护结构圈梁结构上，坠落至基坑底部（坠落高度约为8m），经医院抢救无效死亡（图16-4）。

图16-4 案例七事故现场图

（二）直接原因

袁××擅自违规进入基坑混凝土支撑结构圈梁上行走，不慎高处坠落。

（三）间接原因

(1) 基坑内部用于施工人员上下的通道未按标准进行设置，通道与混凝土支撑结构圈梁转接处防护栏封头不严密，圈梁上清理工作差。

(2) 作业人员袁××安全意识差。

(3) 劳务分包单位对作业人员安全教育管理不力。

(4) 总包单位及监理单位对现场安全防护设施存在的缺陷未能及时发现并消除。

（四）事故防范

基坑作业过程中，作业人员在支撑结构上行走形成无任何防坠措施的临边作业经常可见，而基坑内上下通道的规范性又往往不及时。

案例八 某工程桩机拆除吊装作业高压电伤害事故

（一）事故经过

2008年6月某日18：40时，某地基工程专业分包公司在组织施工完毕的水泥搅拌桩机拆除吊装时，实施作业的25t汽车吊车吊臂侵入邻近的10kV高压线安全范围内，辅助工徐×和另一名辅助工牵引汽车吊钢丝绳两头向桩机移位用滚筒管方向走去，钢丝绳在靠近吊物上方10kV高压线过程时，突然遭电伤害，造成一死（徐×）一伤事故。

（二）直接原因

25t汽车吊吊车司机伏××在没有按照起重吊装操作规程及施工用电规定在高压线下方进行操作，汽车吊钢丝绳在靠近吊物上方10kV高压线过程中，引起高压线放电，造成牵引钢丝绳的操作人员电伤害。

（三）间接原因

（1）分包单位现场负责人擅自临时租用社会起重机，无任何手续。事发后，肇事司机和车辆逃逸。

（2）使用的汽车吊未提供任何检测等资料，及人员的岗位证书，现场无专人指挥，挂钩工及死者皆无特殊工种上岗证。

（3）总包单位及监理单位对事故现场作业情况及机械进场情况不掌握且缺乏控制，也未制定高压线下作业的相关安全技术措施，未按规定办理管线监护手续，未在现场设置安全警示，并落实现场监控措施。

（4）分包单位安全管理差。死者进入新工地仅3天，无任何书面教育培训及交底记录；未对吊车司机进行安全交底。

（5）总包单位与分包单位劳务分包或专业分包形式不明，存在以包代管现象。

（四）事故防范

汽车吊租赁市场的现状复杂，应禁止租用"墙头电话"类型的汽车吊；同时，起重吊车存在检测资料、人员证书伪造、申报资料与现场吊机不符等现象也较多。在高压输电线和高压配电装置周围存在着强大的电场，处在此电场内的导体会因静电感应作用而出现感应电压，当人们触及这些带有感应电压的物体时，就会有感应电流通过人体流向大地而使人受到电伤害。所以，在建工程不得在高、低压线路下方施工；高、低压线路下方，不得搭设作业棚，建造生活设施，或堆放构件、架具、材料及其他杂物等。

案例九　某越江隧道工程人员坠江溺水死亡事故

（一）事故经过

2008年6月某日15时20分许，专业分包单位浙江某基础工程有限公司在上海某越江隧道工程，在拔除原有码头木桩的施工过程中，辅助工王××攀爬全回转套管机九档钢直梯去查看作业情况，攀爬至第四档时，脚下踩滑，身体后仰倒翻出防护栏杆，落到栏杆外支撑全回转套管机的钢梁上，再从2m高钢梁南侧滚入黄浦江中溺水，于15时35分被捞起，经急救送医院抢救无效死亡。

（二）直接原因

辅助工王××在攀爬钢直梯时，脚下踩滑，身体失衡后仰翻滚入黄浦江中，溺水身亡。

（三）间接原因

（1）现场安全防护（个人防坠）设施存在缺陷。该桩位底平台上到顶平台的钢直梯未加装护圈笼，底平台周边江面上未架设防坠网，底平台周边防护栏杆高度未达到1.2m标准高度，且未张挂绿网。

（2）单独一人作业，缺少协护施工措施，缺少对水边危险区域作业的监控。

（3）专业分包单位浙江某基础工程有限公司本项目部安全意识淡薄。项目部为赶工，在大风暴雨的恶劣天气条件下未停止露天作业。

（4）总包单位和监理单位对专业分包所有的全回转套管机及作业工况安全缺乏管理检查，未能及时发现和消除事故隐患。

（四）事故防范

现场安全防护设施的到位是本质安全的要求，本质安全的不到位是管理职责没有落实。

案例十　某轨道交通车站工程拌浆机机械伤害事故

（一）事故经过

2008年7月某日下午2时左右，在某公司承建的某轨道交通车站工程，拌浆机的送浆管堵塞，分包单位上海某土木建筑工程有限公司操作工人张×在用水冲洗拌浆机送浆管时，掉入正在旋转的拌浆机桶内，人被卡在搅拌轴下，有关人员下午2时20分起现场救人，直至16时15分，张×伤重死亡（图16-5）。

（二）直接原因

张×冲洗拌浆机时未停机操作，拌浆机机桶口无防护罩，张×在冲洗浆筒时不慎掉入正在旋转的拌浆筒内。

图16-5　案例十事故现场图

（三）间接原因

(1) 分包单位项目部对拌浆机清理操作规程实施不严格，安排一人实施作业，无专人监护。

(2) 分包单位项目部对张×拌浆机作业及清理作业无安全教育交底。

(3) 现场无警告警示标志。

(4) 总包单位及监理单位缺乏对该区域的安全检查及管理。

（四）事故防范

严格执行安全操作规程是何等重要，施工现场需要严格遵守。

案例十一　某轨道交通车站工程高处坠落死亡事故

（一）事故经过

2008年7月26日上午，由某公司承建的某轨道交通车站工程，分包单位上海某工程服务有限公司黄××、罗××等人在进行井下格构柱割除工作。9时20分，电焊工黄××在简易支架上进行割除格构柱角钢，当格构柱最后一根角钢快割断时，格构柱向黄××站的支架方向倾倒，上截格构柱的底部撞击在支架上，导致支架倾翻，黄××随同3.5m高的支架一起坠落，头部撞击在底板的上翻梁上，经送医院抢救无效，于当天22时死亡（图16-6）。

图16-6　案例十一事故现场图

(二)直接原因

电焊工黄××在割除格构柱四根角钢时,上部被割离的格构柱受自由倾倒力作用,向黄××站立方向倾倒,并砸倒其站立的操作支架,造成其坠落死亡。

(三)间接原因

(1)分包单位安全管理不到位,未制定割除格构柱的施工方案或措施。

(2)施工人员凭经验作业,对格构柱上截段倾倒采取的导向措施不可靠。

(3)操作支架搭设不规范,稳定性差,未经验收就使用。

(4)分包单位项目部对施工人员未作针对性的安全交底,现场安全管理存在严重不足。

(5)总包单位和监理单位对现场施工动态管理控制不力,未能及时发现和排除安全隐患。

(四)事故防范

安全和施工需要做到同步考虑、同步实施、同步到位。

案例十二　某污水处理厂改造工程封堵墙拆除人员窒息死亡事故

(一)事故经过

2008年9月某日,潜水专业单位某机械设备安装有限公司接某建筑安装有限公司的发包,进行某污水处理厂改造工程污泥泵房放空管拆除封堵墙(直径2.5m)作业,由赵××(现场负责人)、蔡××(潜水员)等4人进行拆除作业,蔡××穿好潜水服站在11m深的井内跳板(距井底0.8m)上,用风枪从封堵墙最高的顶端一道道(每道厚25cm)拆,约9时50分,在拆到第三道时,污水突然冲出来,把蔡××从跳板上冲到井底,封堵墙碎砖击到其面部,造成供气面罩进水,地面人员立即拉保险绳,但保险绳被跳板卡住。约10时20分左右,蔡××被消防战士抬到地面时已死亡。

(二)直接原因

在打通封堵墙时,污水压力突然将站在跳板上的蔡××冲入井底,封堵墙碎砖击破供气面罩,头部进水,造成蔡××窒息死亡。

(三)间接原因

(1)潜水作业单位某机械设备安装有限公司拆除封堵墙作业没有制定针对性的施工组织方案及相应的应急预案并上报;对施工作业环境工况探查不够,对施工中可能发生的安全情况预见不足,作业人员凭经验施工,应急措施不到位。

(2)发包单位某建筑安装有限公司发包拆除封堵墙工程未按规定逐级上报;对拆除封堵墙的结构情况未与施工单位沟通告知。

(3)工程总承包单位对分包管理缺失、缺位或失控,不清楚其分包单位。上海某建筑安装有限公司对此项作业的发包行为,对本工程中风险性较大分部分项工程未充分辨识并实施全过程控制。

(4)监理单位对本工程承发包情况疏于督查。未能对施工单位各方的作业情况动态掌握,并有效控制;对本工程中风险性较大分部分项工程未充分辨识并实施全过程监督,缺少旁站。

(四)事故防范

《××市市政(公路)工程潜水作业安全管理办法》第十二条　潜水作业时,按照《××

市市政工程下窨井，下池，拆封头子安全管理暂行规定》，每个作业点应在摸清下水道情况下，制定下井作业方案，并配备能够满足现场安全需要的潜水作业人员，潜水装备，安全保险装置，同时落实施工安全交底和应急处置措施，填写《市政（公路）工程下窨井（池）拆封头子申请报批表》，经有关单位部门，责任人员批准后，方能进行潜水作业。

案例十三　某工程高架立柱钢模板拆模起重伤害事故

（一）事故经过

2008 年 9 月某日上午 10 时 30 分左右，某工程在高架结构现场，在进行立柱上的钢模板拆除吊卸作业时，一辆 25t 汽车吊在吊卸拆除立柱钢模板（长 6.5m、重约 3t）的过程中，吊车钢丝绳突然断裂，下坠钢模板掉落，砸在站在立柱顶部的辅助工朱××身上，项目部急送医院，经抢救无效当日 11：35 死亡（图 16-7）。

图 16-7　案例十三事故现场图

（二）直接原因

本起事故中使用的钢丝绳锈蚀、变硬，存在着断丝现象，且起重钢丝绳直径仅 12.7mm，在安全系数 K 取 6 的情况下，不能满足许用拉力的要求。同时，在起吊钢模板过程中，钢模板被外支架阻挡，钢丝绳在外力及重力作用下，发生断裂。

（三）间接原因

（1）汽车吊出租方起重司机李××不清楚被吊的立柱钢模板准确重量，随意选择和使用吊索具，且未按设备租赁合同第六条第二款中"吊钩以下钢索、卸口由出租方人员负责检查及更换……"的规定及时更换锈蚀、变硬的钢丝绳。

（2）汽车吊出租方某设备安装有限公司对汽车吊起重司机李××安全教育不够，对本汽车吊上使用的吊索安全状况缺乏检查。单位搞挂靠，对本公司的汽吊设备及人员缺乏相应的安全管理制度，基本没有实施公司的安全管理。

（3）汽车吊出租方起重司机李××在朱××未撤离被吊钢模板下方时，盲目听众木工班班长杨××（无起重指挥资格）指挥进行起吊，违反起重机械作业《十不吊》中"起吊的重物下面有人停留或行走不准吊"的规定。

（4）汽车吊承租方某建设发展有限公司项目部对施工现场的起重索具未能及时检查，对起重作业人员安全技术交底不严密、无针对性、具体化，未对吊装作业实施旁站监控，在安全管理制度上执行不严。

(四)事故防范

钢丝绳断丝数在一个节距中超过10%、钢丝绳锈蚀或表面磨损达40%以及有死弯、结构变形绳芯挤出等情况时,应报废停止使用。断丝或磨损小于报废标准的应按比例折减承载能力。钢丝绳做吊索时,其安全系数$K=6$。

案例十四 某通道基坑工程起重伤害事故

(一)事故经过

2008年10月某日上午,在××市某分公司专业分包的某通道基坑工程,施工员戴××安排作业人员在进行基坑钢609钢管支撑拆除作业。11时左右,当吊车操作工黄××驾驶50t履带吊吊着一根(2根5m长由法兰连接)支撑钢管,离地高度约1m时,另一作业人员黄××对钢管中间法兰螺栓拆卸(共16只螺栓),当拆到第14只时,钢管中间法兰连接处突然分断落地,造成钢管偏转,站在靠钢管中间处的戴××被两根偏转的钢管挤压胸部,最后造成一死二伤的严重后果。

(二)直接原因

分离相连的支撑钢管悬空拆卸方式不当,造成剩余的2只连接螺栓受钢管自重力及横向拉力断裂,分开后的两段钢管突然坠落偏转,打击戴××等操作人员,致使临近作业人员死伤。

(三)间接原因

(1)拆卸人员违反操作规程,图省力省时,安全意识薄弱,安全防范意识差,盲目冒险作业,凭经验从事。

(2)分包单位项目部安全管理缺陷大。吊装拆除区域未警界,钢管支撑拆除吊装作业现场无安全监控。

(3)总包单位对分包单位现场作业情况安全管理缺失、缺位。

(4)监理单位对现场危险作业、违章作业情况巡视检查不力,未能及时发现事故的隐患和制止事故的发生。

案例十五 某轨道交通车站工程基坑物体打击事故

(一)事故经过

2008年10月某日下午,在某公司承建的某轨道交通车站工程基坑,分包单位某工程机械有限公司在实施土方挖掘工作,挖掘机操作司机为常××等四人。16时20分左右,常××听到驾驶的挖掘机车体被物体敲击的声响,停机后绕到挖掘机另一侧去查看情况,此时,挖掘机右前上方结构的素混凝土垫层向下坠滑向常××,使其倒地,胸部压有大块的素混凝土块。后经送医院抢救无效死亡(图16-8)。

(二)直接原因

土方开挖过程中土方挖松后,土方上部的素混凝土层(作中板模板支撑系统垫层用)与下方土层脱离,呈块状向下坠(滑)落,打击常××胸部。

(三)间接原因

(1)挖掘机司机常××临时暂停挖土作业时,未对开挖状况,特别是土体上部的素混凝土层引起重视,有掏挖现象,违反土方开挖顺序。

图 16-8 案例十五事故现场图

(2) 分包单位在对土方开挖过程动态监控缺失，对从业人员的安全教育培训不够，对现场生产安全工作缺乏针对性检查。

(3) 总包单位对作业现场生产安全工作监督管理不力。

(4) 监理公司上海某建筑监理咨询有限公司对作业现场安全工作巡视检查不力。

(四) 事故防范

基坑土体开挖过程中，要求按施工方案保持开挖的土体局部放坡，动态到位，不超挖、不掏挖，而又有多少个能做到按部就班。

案例十六　某工程盖梁模板支撑系统坍塌事故

(一) 事故经过

2008年10月某日晚20时50分左右，浙江某建设有限公司上海某分公司在某工程项目进行高架桥结构的上盖梁浇筑混凝土施工过程中，突然发生盖梁模板支撑系统坍塌事故，造成现场浇筑混凝土的施工人员一人死亡、二人重伤，经济损失巨大。该盖梁长20m，离地面高为9m，盖梁设计浇筑混凝土173m³，已经浇筑140m³ (图 16-9)。

(二) 直接原因

该墩南跨上盖梁的模板支撑系统的横向立杆间距未达到经专家审批的施工方案中的设置要求。在进行混凝土浇筑时，形成其支撑结构的倾覆力矩大于抗倾覆力矩，从而造成立杆屈服变形，支撑系统坍塌。

图 16-9 案例十六事故现场图

(三) 间接原因

(1) 浙江某建设有限公司上海某分公司该项目部架子班组在搭设该墩南跨上盖梁的模板支撑系统时，未按同类型上盖梁的第一个支撑系统搭设进行(此为其搭设的第二个)，造成横向立杆的搭设间距远大于施工方案设计要求。

(2) 浙江某建设有限公司上海某分公司未对该搭设班组进行相关的安全教育、针对性的安全技术交底，就安排其进入现场搭设。且在未进行支撑系统验收并通过验收合格的情况下,忽视晚间及雨天作业的不良施工条件,就安排施工人员进行盖梁混凝土的浇筑。

(3) 浇筑人员进入施工现场作业前,该项目部也未对其进行相关的安全教育、交底,还未为其缴纳综合保险。

(4) 该项目部总包单位放松对分包单位的安全管理,对其作业情况特别是涉及危险性较大的分部分项工程作业过程缺乏现场监控等总包管理职责的落实,也未严格实行各模板支撑系统的单项验收要求。

(5) 监理单位缺乏对高大模板支撑系统的监理经验,未按照专项方案实施严格的模板支撑系统验收及检查,对现场危险性较大的分部分项工程作业情况未及时掌握。

案例十七 某电力隧道工程物体打击死亡事故

(一) 事故经过

2008年10月底,在由某公司承建的某电力电缆隧道工程的一圆形工作井(内径16.60m、坑底标高－12.555m)内,因要进行内衬结构施工,需拆除第四、五道环梁(截面800mm×1600mm),总包单位交付专业分包单位上海市某混凝土切割公司进行。分包单位在未经总包单位正式要求进场的情况下自行晚上进场进行环梁切割作业,约一天时间,已经切割了第四道环梁和第五道的部分切割。鉴于该分包单位行为,总包单位于其进场第二天要求其停工并要清退出场,到晚上23时18分,有7人在进行退场的落手清收尾工作,其中朱××等两名工人在第五道环梁收拾掉落的设备之时,突然上部被已经切割的第四道环梁段(约13t重)掉落,砸向两名工人,造成1人死亡、1人轻伤(图16-10)。

图16-10 案例十七事故现场图

(二) 直接原因

作业人员不按方案制订的程序切割作业,将第四环环梁全部一次性切割完毕,且对切割段未施加任何下落控制措施,导致第四环环梁受自重力突然坠落,打击下部在第五环环梁作业的人员。

(三) 间接原因

(1) 在第四环环梁一次性切割完毕还未吊除之前,立即进行同垂直面第五环环梁的切割,严重违反拆除作业规范。

(2) 分包单位项目部安全管理混乱。擅自提前进场抢工,未对每个作业人员进行针对性的安全技术交底,对切割作业顺序不加控制。

(3) 作业人员遵规意识差,违反拆除作业程序,自我防护意识薄弱。

(4) 总包单位项目部对分包单位管理不严格。对拆除作业未进行现场严格的监控,未对已经实施拆除作业的工况进行深入检查,及时发现安全隐患,对分包队伍进退场管理还不够严密。

(5) 监理单位对现场拆除作业危险性意识不强,缺少现场监控力,未能提前发现事故的隐患和制止事故的发生,对危险性较大分项作业未旁站。

(四)事故防范

拆除施工应从上至下、逐层拆除分段进行,不得垂直交叉作业。拆除梁或悬挑构件时,应采取有效的下落控制措施。

案例十八　某轨道交通隧道区间工程电机车车辆伤害事故

(一)事故经过

2008年12月某日上午9时30分,在某公司承建的某轨道交通隧道区间工程,分包单位江苏某建设有限公司作业人员仇××要搭乘行驶中的电机车,跳落在电机车与盾构后车架之间,被挤压,经抢救无效死亡。

(二)直接原因

非电机车驾驶人员仇××违章自行搭乘电机车,被电机车与车架间挤压至死。

(三)间接原因

(1)仇××安全意识观念淡薄。

(2)工程项目部日常对违章搭乘电机车的行为安全教育和管理不到位。

(四)事故防范

隧道内作业人员图省力,违章搭乘电机车行为非偶然和个体违章行为。

第十七章　2009年××市市政公路安全事故案例

第一节　概　　述

2009年××市市政公路及轨道交通工程范围共发生生产安全事故19起,造成20人死亡。其中轨道交通4起死亡4人,市政工程5起死亡几人,公路工程10起死亡11人。综合对2009年各事故案例的分析,存在共性问题如下:

(1) 安全思想麻痹大意,管理不到位。2009年虽然各个施工单位加强了节假日期间的管理力度,节假日未发生重大安全事故,但纵观19起事故,其中11起事故发生在夜间和周末施工,说明在上下班交接和临近周末的时间段,安全思想麻痹大意,现场缺少安全管理,作业部位缺少安全监护,现场只有分包作业人员,无总包管理人员,导致事故发生。

(2) 违反安全操作规程,安全设施不完善。纵观2009年的19起死亡事故,有几起存在违反操作规程,导致事故发生。如"4.11物体打击事故",吊车将导管下降的过快,致使导管卡在CD机的锁扣处,导致导管倾斜,辅助工在扶管的过程中,站位不准确,在导管倾斜时无法避让,导致死亡;几起事故均存在着安全设施和作业环境有缺陷的现象,如"7.3高空坠落事故",围护栏杆单横杆小于1m,低于1.2m。立杆间距不一且大于2m。当受到外力冲击时,作业人员翻杆高处坠落死亡。

(3) 事故教训不吸取,安全意识不足。从事故类别来说,这几起事故均为建筑行业的高发事故,以往已有很多血的教训,特别是中毒事故更为近年来重点整治的项目,但个别单位依然未引起高度重视,类似事故重复发生。

(4) 安全教育走过场,作业人员安全意识不足。19起事故中有9起事故可以认为由于作业人员的自我保护意识薄弱,导致事故发生。如"9.27坍塌事故",系施工人员擅自闯入土方施工范围危险区域;"4.27起重伤害事故",吊物过程中,起吊范围内有工人在施工作业,导致惨祸的发生。可见,安全教育走过场,没有从根本上增强作业人员的安全意识和提高个人自我保护能力,现场的监督管理也不到位。

第二节　案　例　分　析

案例一　某SMW工法围护桩施工三轴搅拌桩机机械伤害死亡事故

(一) 事故经过

2009年某日上午9点15分,由某建设集团股份有限公司总承包的某段道路路改建工程广中路地道工程,其专业分包某建设实业有限公司在SMW工法围护桩施工时,因

图 17-1 案例一事故现场图

PAS—120ARS 三轴搅拌桩机钻杆上缠绕地下报废电缆橡皮，一工人站立在钻机护筒上解除缠绕的橡皮电缆，不料桩机驾驶员启动钻机，使其被钻机螺旋杆圈进，经医院抢收无效，确诊胸腹部严重挤压死亡（图17-1）。

（二）直接原因

（1）操作工人清理报废电缆时站位不当，同时没有通知钻机驾驶员断电停机。

（2）钻机驾驶员在没有观察钻机的具体情况时，盲目启动机器。

（三）间接原因

（1）钻机驾驶员与辅助工之间配合不默契。

（2）操作工人对工艺不熟悉、交底内容针对性不强。

（四）事故防范

在启动作业机械设备时，必须先确认作业点状况，不得盲目启动。同时，检修机械设备的人员，必须在醒目位置挂设告示牌，表明自己正在检修，以免不知情的人员启动设备，造成伤害。

案例二　某旁通道工程机械伤害死亡事故

（一）事故经过

2009年某日下午15时，某工程股份有限公司总承包某工程公司专业承包的轨道交通某标段旁通道工程，施工作业队在冷冻管钻孔施工过程中，专业承包单位工人站立在砖机左侧辅助作业时，不慎牵动保险带导致保险带绳索被运转中的砖机卷入，随后该工人与保险带绳索同时卷入砖机内，致使保险带绳索缠绕其颈部窒息死亡（图17-2）。

（二）直接原因

（1）死者在操作过程中保险带挂装位置与钻机间距过近，牵动保险带绳索被钻机卷入。

图 17-2 案例二事故现场图

（2）钻机旋转部分无防护罩，无有效人机隔离措施。

（三）间接原因

（1）虽然对施工人员逐个进行安全技术交底，但对人员施工过程中的现场监控管理力度不够。

（2）工人自我保护意识不强。

（四）事故防范

在距离机械设备旋转部分区域作业时，要尤其注意不要被转动的机械勾到衣物，或者头发。一旦被高速旋转的机械卷入后果不堪设想。而裸露的旋转部位应加固好防护罩，或者采用警示标志并隔离。

案例三　某盾构区间工程管片拼装机械伤害死亡事故

（一）事故经过

2009年某晚22时10分，由某公司总承包，某建筑劳务有限公司施工的轨道交通某标段区间工程，施工作业队在进行下行线管片拼装时，操作工被旋转的拼装机碰撞挤压（挤压在管片与拼装平台之间），经医院抢救无效死亡（图17-3）。

（二）直接原因

（1）工人在拼装机转动前，站在拼装平台旁，该位置处于拼装机旋转过程中触碰的范围。

（2）拼装机操作人员在观察拼装现场确认无人的判断产生了误差。

图17-3　案例三事故现场图

（三）间接原因

（1）拼装工和拼装机操作人员配合不默契，没有使用口令进行相互提醒。

（2）拼装工本人（死者）自我保护意识无，站立在十分危险的位置。

（3）拼装机驾驶员没有认真的观察工作环境，盲目启动机器。

（4）项目部日常的安全巡查和监督不到位，安全教育工作不到位。

（四）事故防范

又是一起由于盲目启动设备而造成的惨剧，如果每个在岗的工作人员都能在启动设备前先确认周边状况，判断时候有人，这起事故同样也是能够避免的。

案例四　某大桥主桥工程物体打击死亡事故

（一）事故经过

2009某日17：00，某大桥工地施工人员已全部下班。根据气象台报告，当日的风力是4～5级，阵风6级，该大桥毗邻江边，风力达到7～8级。项目材料员在巡查工地时，当走到主跨东南侧时，发现地上躺着一个人，安全帽已经被击穿。材料员立即电话告知项目部，并拨达了"120"。项目同时启动了应急预案，进行现场急救，随即将伤员送当地医院，经医院抢救无效，伤员于5：50分左右宣告死亡。死者为塔吊起重指挥工（图17-4）。

（二）直接原因

（1）项目部在拆除主桥高支模架时，有不少脚手管未及时拿到地面。

（2）事故当日风力较大。

（3）事故受伤人在行走时距离高支模架过近。

（三）原因

（1）项目部的拆除支架安全技术交底不到位。

（2）拆除支架过程中安全监管不到位，导

图17-4　案例四事故现场图

致多根钢管留在高处，随时有坠落伤人的可能。

（四）事故防范

施工现场材料必须做到落手清，特别是高处的堆材，及时清理也不会造成以上严重的后果。

案例五　某桩基工程导管起吊物体打击死亡事故

（一）事故经过

2009年某日中下12点45分，在某市建公司总承包，某基础有限公司专业承包的排水系统泵站桩基施工过程中，100t吊车在起吊 $\phi1000$ 导管过程中，辅助工对下降的导管扶正，由于吊车放得太快，导管卡在CD机的锁扣处，导致导管倾斜，死者头部夹在导管和CD架的横梁上，当场死亡（图17-5）。

图17-5　案例五事故现场图

（二）直接原因

（1）吊车将导管下降的过快，致使导管卡在CD机的锁扣处，导致导管倾斜。

（2）辅助工在扶管的过程中，站位不准确，在导管倾斜时无法避让。

（三）间接原因

（1）项目部对此类作业的操作规程交底不到位。

（2）施工作业人员的自我保护意识不强。

（3）施工过程中，缺乏安全监控人员的监管。

（四）事故防范

现场管理人员到位，特别是在起吊大型设备的时候，安全监控员到位，需对现场的违章现象及时制止。对于施工人员进场教育必须落实到个人，提高自我保护意识，避免危险作业情况的发生。

案例六　某大桥主桥工程起重伤害死亡事故

（一）事故经过

2009年某日上午9：30分左右，由某公司总承包、某工程有限公司专业分包大桥工程主桥桥面作业区域，发生了一起起重伤害事故（起吊中的铁皮箱突然坠落起吊时最高达到200m，因为要越过斜拉索，坠落时高度为40m），造成一人死亡。经调查：起重伤害事案件中，吊装使用的铁皮工具箱吊环处严重锈蚀，立体交叉施工作业区未设置警戒区域（图17-6）。

（二）直接原因

（1）吊装使用的铁皮工具箱吊环处严重锈蚀，起吊过程中由于风力大晃动严重，导致了工具箱散架。

图17-6　案例六事故现场图

(2) 立体交叉施工作业区未设置警戒区域,现场无防护隔离棚。

(三) 间接原因

(1) 起重指挥工违反十不吊规定,将存在隐患的工具箱挂钩并指挥吊起。

(2) 项目部在日常检查过程中,未能发现这一安全隐患。

(四) 事故防范

由于没有严格执行操作规程,起吊了存在安全隐患的工具箱,并且在立体交叉作业区域无任何警戒措施,这起事故充分提醒我们不严格执行操作规程带来的恶果。

案例七 某轨道交通车站基坑工程物体打击死亡事故

(一) 事故经过

2009年某日下午15时15分,由某公司总承包,某建设集团有限公司专业分包的轨道交通某车站工程,在车站基坑进行第四道钢支撑换撑施工时,碰伤三名作业人员,其中一名工人经医院抢救无效死亡(图17-7)。

(二) 直接原因

(1) 在起吊过程中,钢丝绳与钢管的接触面未采取防滑措施。

(2) 在吊物过程中,起吊范围内有工人在施工作业。

(三) 间接原因

(1) 项经部的安全技术交底不到位。

(2) 操作工人的自我保护意识不强。

图17-7 案例七事故现场图

(四) 事故防范

安全进场教育没有落实到个人,作业人员自我保护意识不强,仍在危险的环境下作业导致这起事故的发生。

案例八 某高架工程模板坍塌死亡事故

(一) 事故经过

2009年某日早上6:40分。总承包单位中国某建设有限公司、劳务分包单位某建筑劳务有限公司现场作业班组对位于某高架北段立柱进行浇筑,浇筑到第二车时,钢模板突然爆模,导致钢模和混凝土压迫支架引起倒塌,造成了1人死亡,5人受伤。受伤人员被立即送往武警医院进行救治(图17-8)。

(二) 直接原因

(1) 立柱钢模板的对拉螺杆未达到方案规定的110cm(实测为102cm),两侧应为各2只紧固螺母,但实际两侧只安装了1只紧固螺母。

(2) 立柱钢模板安装完毕后,没有按照施工

图17-8 案例八事故现场图

方安的要求，在四周设置缆风绳固定，使钢模板在混凝土荷载的作用下，缺少缆风绳的保护固定。

（3）混凝土浇筑速度过快，超过规定速度的一倍以上。

（三）间接原因

（1）安全技术交底不到位。

（2）凌晨至早上连续浇筑混凝土施工，却无总包单位安全监控员和安全监理进行旁站。

（四）事故防范

施工过程中必须严格按照施工方案来实行，本案中因为违章作业，导致事故发生。而作为总包方和监理方没有履行自己的监控管理义务，管理上有疏忽，对施工现场的违章现象不闻不问，也是造成事故的原因之一。

案例九　某污水处理厂升级改造工程高空坠落死亡事故

（一）事故经过

由于临边防护不到位，在生物池南面施工拆模时，作业人员赵××不慎从支架上高处坠落死亡（图17-9）。

（二）直接原因

防护不到位，单横杆小于1m，低于1.2m。立杆间距不一且大于2m。当受到外力冲击时，作业人员翻杆高处坠落死亡。

图17-9　案例九事故现场图

（三）间接原因

（1）作业人员作业时未及时调整姿态，使自己失去重心，坠落身亡。

（2）由于作业面过大，施工单位缺乏安全防护意识。

（3）监理单位安全管理力量和力度不足，安全隐患未能及时发现和制止。

（四）事故防范

安全防护设施，安全防护用品作为保护施工人员生命安全的最后一道屏障，具有重要的意义，防护栏杆必须做到高度大于1.2m，立杆间距须小于1.5m，且必须用绿网覆盖。

案例十　某隧桥工程触电死亡事故

（一）事故经过

2009年某日上午9:30分，由某公司总包某隧桥T4标机电排管安装过程中，工人在推动移动作业平台的过程中，移动平台触碰到隧道内的照明电缆线，当场触电身亡（17-10）。

（二）直接原因

死者在移动作业平台时，贪图省事，未完全清清除地面的障碍物，导致作业平台底脚轮子碰到杂物，致使作业平台倾斜，作业平台立杆凿破隧道内

图17-10　案例十事故现场图

临时照明架空线的塑料绝缘层，造成作业平台带电引发触电事故。

（三）间接原因

总包单位施工人员的安全较低针对性不强，未考虑施工现成可能发生的危险。同时对施工人员的安全教育不力，致使施工人员安全意识淡薄，贪图方便。

（四）事故防范

施工单位应加强对作业人员的日常教育，提高他们的安全意识和自我保护意识，在施工过程中，切不可因为图一时的方便做出造成安全隐患的行为。

案例十一　某公路工程起重伤害死亡事故

（一）事故经过

2009年某日上午10：20分左右，某建筑工程有限公司施工的辅助快速立交C08～C09箱梁支架贝雷架拆除施工现场，汽车吊在吊运拆除贝雷架的时候，第11片贝雷架意外碰撞第12片贝雷架，造成站在第12片贝雷架的工人宋××身体失稳，坠落至地面（高度近3m），贝雷架随即倒下，压在其背部，现场人员立即将其送至闵行区中心医院，经抢救无效，于11点多死亡（图17-11）。

（二）直接原因

在钢架上拆南侧最后两片贝雷片之间的固定螺栓完毕后，引起被吊紧的北侧贝雷片发生晃动，并撞击于南侧贝雷片上，导致南侧贝雷片向南倾斜时撞击在宋××身上，造成宋××从2.5m高处钢架上坠落于地的同时，南贝雷片翻落在其身上，酿成此事故。

图17-11　案例十一事故现场图

（三）间接原因

(1) 劳动组织不合理。分包单位安排泥工从事贝雷片钢架拆除和起重相关作业。

(2) 在拆除最后两片贝雷片固定螺栓之前，死者先将南侧贝雷片上的两根支撑钢管拆除，当拆卸贝雷片之间的固定螺栓后，北侧贝雷片发生晃动碰撞于南侧贝雷片上，导致南侧贝雷片发生倾倒时未起到防侧翻保护作用。

(3) 起重作业现场安全管理不到位。起重作业现场管理混乱，未配置专职有证指挥人员。且在起重作业前，对现场作业人员均未进行有针对性的安全技术交底；在拆除最后两片贝雷片，无人制止死者违规拆除南侧贝雷片上的两根支撑钢管。

(4) 总承包单位对重大危险源辨识不够，虽编制跨河、跨路现浇结构门洞施工专项方案，但对门洞拆除方案编制不严密，未具体编制贝雷片拆除吊卸方案。

(5) 监理不到位。监理公司未严格按照法律、法规和工程建设强制性标准规定，明知总承包单位编制的跨河、跨路现浇结构门洞施工专项方案中的拆除门洞规范不明确，但未及时督促总承包单位规范制定门洞拆除方案，同时对施工作业现场巡查不到位，动态安全监理不力。

（四）事故方案

施工现场从事拆装或起重作业的人员，必须持有响应的资制证书，具有丰富经验的操作人员才能进行作业。现场无人专人指挥，安全监管人员也未到位，导致现场违规拆除，发生事故。

案例十二 某公路工程触电死亡事故

（一）事故经过

2009年某日18时55分左右，某公路5标项目部桥梁段作业队工人在防撞墙模板施工过程中，因一个钢筋影响了模板封头板的安装。就随手拿起焊枪，准备用焊枪把碍事的钢筋吹断，当他拿起焊枪时，哎呀叫了一声，人就到地，口吐白沫，现场工人立即拨打120，经120抢救无效死亡（图17-12）。

图17-12 案例十二事故现场图

（二）直接原因

开关箱PE线与配电箱相线连接，且电焊机二次侧接地回线利用钢筋架作为焊机接地回线，钢筋架与钢筋接触不良，没有使用焊接作业个人防护用品手握电焊钳，身体触到钢筋架引起触电，是这起事故发生的主要原因。

（三）间接原因

（1）总包公司未切实落实各级安全生产责任制，未落实防撞墙支模施工方案，未对施工人员进行有针对性的安全技术交底，且未对施工现场有效监管。

（2）分包单位安全管理薄弱，未对施工人员进行有针对性的安全教育和安全技术交底，对施工现场管理不力，无证人员进行电工和焊工作业，且使用了存在安全隐患的电焊设备。

（3）监理未切实履行监理职责，对相关资质和资格缺乏审查，对施工现场安全监理不力。

（四）事故防范

如果死者在电焊作业时，有明确的自我保护意识，穿着合格的防护用品，即便电焊机突发漏电等错误，也能最低限度保护操作人员的生命安全。

案例十三 某公路工程起重伤害死亡事故

（一）事故经过

2009年某日上午10点，某公路工程工人在桥面实施钢筋网片吊装指挥装卸作业。当吊运第三捆钢筋网片时，成捆的网片突然晃动，大幅度晃动的钢筋网片，将站在一旁扶网片的工人弹出桥面，造成其从10m高空坠落，送医院抢救无效死亡（图17-13）。

（二）事故原因

用于固定8层钢筋网片的自制S型弯钩突然断裂，导致吊装中的钢筋网片失去稳定性，从而在桥面上来回晃动。作业工人正好站立在钢筋网片晃动打击的范围内。

（三）间接原因

吊装施工前，相关人员未能认真检查起重吊装索具的完好性，给起重吊装施工带来了事

图17-13 案例十三事故现场图

故隐患。项目部对此类施工的安全技术交底针对性不强，同时工人的自我保护意识不强。

（四）事故方案

严格遵守起重作业"十不吊"规定，起重作业前检查设备的完好性，便能有效避免此类突发性事故的发生。

案例十四 某轨道交通车站工程基坑坍塌死亡事故

（一）事故经过

2009年某日早晨7：10左右，在某车站东侧基坑正在进行20～21轴4～4、4～5段（深14m左右）土方开挖，将近结束时（剩60m³左右），发现一名降水单位（降水单位：某建筑发展有限公司；降水劳务分包：某建筑劳务有限公司）工人擅自闯入挖土作业半径内，当时在场人员和数名施工作业人员见状立即呼叫，要求其立即撤离，正在此时，其身侧约1.8m高度的土方突然倒塌将其埋入土内，项目部立即组织人员进行抢救，在事发后5～6min将其救援抬到地面，并立即车辆送往×区中心医院进行急救，经抢救无效死亡（图17-14）。

图17-14 案例十四事故现场图

（二）直接原因

降水单位作业人员忽视安全，违章作业，擅自闯入土方作业范围，应付主要责任。

（三）间接原因

土方单位现场监管不到位，未有效阻止其他人员进入挖土作业区，应付次要责任。

（四）事故防范

现场施工人员应避免进入土方作业范围或者起吊范围以下，增强自我保护意识，现场管理人员加强监督力度，防止非相关人等进入危险施工区域，避免事故的发生。

案例十五 某地下空间开发工程高空坠落死亡事故

（一）事故经过

某交通综合改造工程的地下空间开发工程，该工程由某公司总承包。专业分包单位某工程有限公司正对现场的临时结构进行拆除，拆除后的建筑垃圾由运输单位上海某工程运输有限公司进行外运。2009年10月10日凌晨1：40分左右，在对临时结构拆除后的建筑垃圾装车外运运输时，土方车驾驶员进行渣土运输作业，下车观察地形时，不慎坠落深约13m的基坑，颅脑受损，经医院进行抢救无效死亡（图17-15）。

图17-15 案例十五事故现场图

（二）直接原因

（1）驾驶员深夜困倦，走路未观察路况，不慎从顶板掉入13m深的底板。

(2) 防护不到位，用路基板未有效固定，孔洞出来未及时发现，未做到本质安全，致使驾驶员高处坠落死亡。

(三) 间接原因

(1) 作业人员安全意识差，未能留意施工现场的情况。

(2) 由于作业通道过窄，用路基板替代防护未有效固定，但未能起到真正的作用。

(四) 事故防范

夜间必须做好基坑、孔洞以及临边警示标志，防止因夜间视线不明导致的人员跌落事故。

案例十六　某高架工程高空坠落死亡事故

(一) 事故经过

2009年某日17：10分，由中国某建设有限公司总承包、某建筑劳务有限公司劳务分包的某高架北段工程，发生了一起高空坠落事故。17：10分左右，在73号墩主线西侧防撞墙拆除模板过程中，作业班组在拆除当天最后一块防撞墙外侧钢模板并提升至防撞墙顶面时，一阵大风突然袭来，导致装配小车向西侧倾覆，直接将防撞墙模板内侧作业的两名工人抛落约20m高差的地面，当场身亡。由于装配小车被防撞墙挂住，站在外侧吊篮上的另两名工人随吊篮一起悬在空中，后被及时安全施救（图17-16）。

图17-16　案例十六事故现场图

(二) 直接原因

(1) 桥面风力大于六级以上，仍然实施起重吊装作业，且施工人员在身体重心超出桥面防撞墙的情况，没有佩戴安全带。

(2) 防撞墙施工装配小车（挂篮和起吊工具合二为一设备）配重措施未落实，造成吊装同时遇上大风时，装配小车失稳倾覆。

(三) 间接原因

(1) 对防撞墙外模板拆除吊装施工的安全技术交底缺乏针对性。

(2) 安全教育工作不到位，作业现场缺少监护人，操作工人安全意识淡薄。

(四) 事故防范

拆除模板作业工作中应特别注意个人劳防用品的佩戴和使用，操作前检查小车的配重是否到位。在大风六级以上时，施工单位应停止作业，以防倾覆。

案例十七　某高架工程高空坠落死亡事故

(一) 事故经过

2009年某日14时15分，由中国某股份有限公司总承包、某建设实业有限公司分包的某高架工程，发生了一起高空坠落事故。作业人员在ZD4-8立柱钢筋绑扎时，不慎从脚手板上坠落(坠落高度为5.6m),现场人员及时进行施救并送往医院,经抢救无效于14时55分死亡(图17-17)。

(二) 直接原因

立柱支架内侧防护栏杆未设置,且作业人员在内侧防护栏杆不到位的情况下,绑扎钢筋时未佩戴安全带。

(三) 间接原因

作业人员陈长喜安全意识淡薄,项目部安全教育工作不到位。

(四) 事故防范

施工方安全交底落实不到位,作业人员高处作业时没有佩戴安全带并种根,同时内侧防护栏杆没有设置,可见造成这起事故是必然的。

图17-17 案例十七事故现场图

案例十八 某高架工程高空坠落死亡事故

(一) 事故经过

2009年某日8时10分左右,由中国某建设有限公司总承包、某结构厂有限公司专业分包的某高架北段工程,发生了一起安全事故。两名施工人员在钢箱梁(63号~64号柱墩间)的移动平台上进行涂装作业时,发生移动钢平台单端坠落事故,一人肋骨骨折,一人经抢救无效死亡(图17-18)。

图17-18 案例十八事故现场图

(二) 直接原因

施工单位使用的移动作业平台升降机构安全保险装置缺失,钢丝绳(19mm)末端固定绳卡安装了2只(规定为4只)。

(三) 间接原因

在移动平台时,平台上的两名操作工人未按照操作规程撤离。

施工单位现场监管不到位,未能及时发现并制止施工现场的违章作业。

(四) 事故防范

移动作业平台升降机保险装置缺失,钢丝绳固定不符合要求,在移动作业时,操作人员应该及时撤离。

案例十九 某隧道新建工程坍塌死亡事故

(一) 事故经过

2009年某日下午15:35左右,在某越江隧道降水作业人员二人在PD13位置割疏干井(J52)井管作业。在其中一人监护的情况下,死者在部分割断井管并推倒井管后,在拉水泵电线时,突然土坡滑移,致使死者倾倒,并且下半身被埋入塌方土体,后经抢救无效死亡。初步认定这起事故为坍塌死亡事故(图17-19)。

（二）直接原因

降水单位作业人员忽视安全，违章作业，擅自闯入土方作业范围，应付主要责任。

（三）间接原因

施工单位现场监管不到位，未有效阻止其他人员进入挖土作业区，应付次要责任。

（四）事故防范

现场施工人员应避免进入土方作业范围或者起吊范围以下，增强自我保护意识，现场管理人员加强监督力度，防止非相关人等进入危险施工区域，避免事故的发生。

图 17-19　案例十九事故现场图